北前船、されど北前船

浪漫・豪商・密貿易

北国諒星

Ryousei Hokkoku

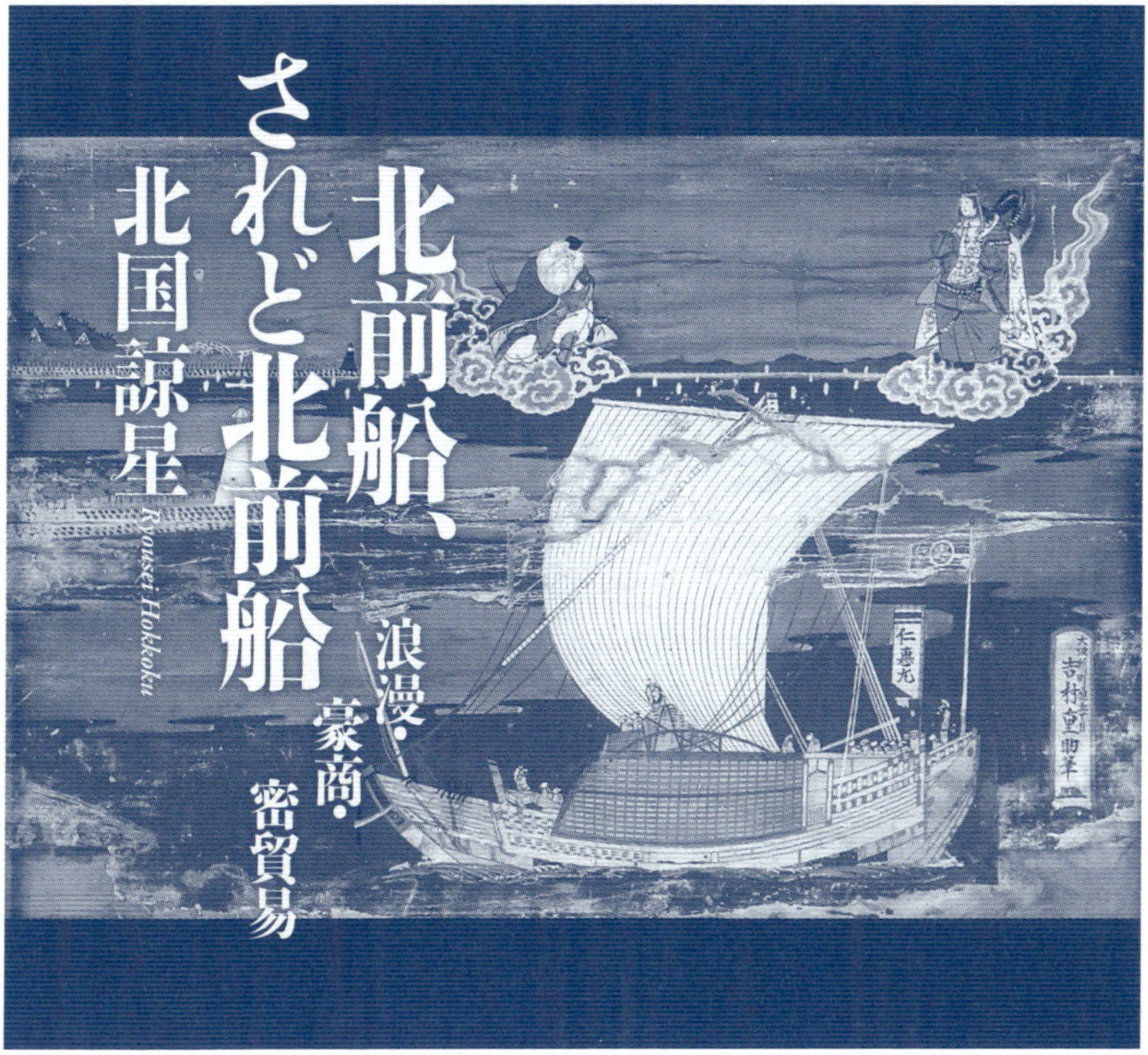

北海道出版企画センター

はじめに

青い海、風と帆、そしてたくましい乗り組員たち―かつて広い海を雄飛した「北前船《きたまえぶね》」には、誰しもロマン（浪漫）を感じると思う。北陸の福井県に生まれ育ち、今は北海道に住む筆者もその一人だ。

この本は、筆者が北前船に関して特に興味深く感じた話題、感動したり感銘を受けた逸話や、関係する人物・事件などを、思いつくまま紹介しょうというものである。

書き進めるに当っては、キーワードを、

「北前船・豪商・密貿易」を〝より深く〟知る本！

というところに設定した。要は、北前船に関する一般的な知識のことなどは最小限にして、もっぱら、「より深く掘り下げた」話題などを知っていただこう、という視点に立っている。

具体的には、

① 北前船のロマン（浪漫）
② 特徴的な活躍をした豪商・船主の生き方
③ 北前船が関わった密貿易

の三点をポイントとしているが、登場人物の人間性、力量・密貿易の広がりなどを深く知るために、必要に応じて関連する事柄（厳密な意味では、必ずしも北前船に係わりのない事柄）にも言及しているので、この点、予めお断りしておきたい。

著者としては、読者の方々がこの本によって、日本の歴史、北前船史、北海道史などへの関心を、より一層深める材料にしていただければ、望外の喜びである。

北前船、されど北前船
—浪漫・豪商・密貿易—

目次

はじめに

第一章　北前船とは？
北前船の起こり ―― 11
北前船ぼっ興の裏事情 ―― 12
北前船の規模はどうだったのか？ ―― 12
北前船は何を運んだか？ ―― 13
北前船の特徴 ―― 14
北前船と蝦夷地 ―― 15

第二章　三つの主要航路と河村瑞賢の活躍
一　わが国の三つの主要航路 ―― 16
二　河村瑞賢の活躍 ―― 18
（一）河村瑞賢の経歴と人間性 ―― 18

（二）東廻り航路の開拓 ―― 22
（三）西廻り航路の開拓 ―― 27
（四）主な寄港地別の特記事項 ―― 31
（五）淀川などの河川改修事業を推進 ―― 34
（六）越後での各種土木事業・鉱山開発などに貢献 ―― 41
（七）上田銀山の開発 ―― 43
（八）瑞賢と新井白石の交流 ―― 44
（九）幻の小笠原諸島開拓 ―― 45
（一〇）故郷東宮、建長寺との縁と瑞賢の最期 ―― 46

第三章　西廻り航路を創始した加賀藩と大坂淀屋・兵庫北風家

一　加賀藩産米の西廻り航路による運送開始 ―― 50
二　兵庫津・北風家の繁栄と没落―尊王思想家ゆえの末路 ―― 52
（一）兵庫津と北風家 ―― 52
（二）北風正造と生家・長谷川家、尊王の思想 ―― 57
（三）北風正造の経歴の詳細 ―― 66
（四）北風家の没落の裏事情 ―― 71

三　大坂・淀屋の繁栄と没落―天国から地獄、そして再興へ　74
（一）大坂と淀屋　74
（二）加賀藩産米の輸送　79
（三）大坂・中之島に「米市」を設立　80
（四）淀屋の闕所《けっしょ》・所払《ところばら》い　82
（五）淀屋の遠大な延命策　85
（六）歴代淀屋当主の略歴など　86
（七）淀屋取り潰しの直接の原因とは？　89
（八）念願の大坂店を再開　94

第四章　北陸地域に関する四大トピック

一　能登半島と北前船・時国家・門前町　97
（一）北前船で雄飛した能登の名家・上時国家　97
（二）能登・曹洞宗総持寺祖院と門前町に残る北前船の影　103
二　加賀藩と銭屋疑獄事件の闇《やみ》　107
（一）銭屋のぼっ興　107
（二）奥村栄実による加賀藩財政再建と銭屋の御手船裁許《おてせんさいきょ》　115

（三）銭屋と河北潟埋め立て事業——121
（四）銭屋疑獄事件起きる——123
（五）銭屋の海外貿易—密貿易説の真相——132
〔関連〕山林買占め事件との関わり説——138
（六）銭屋五兵衛を評価すると—時代とともに変化——141
三　越前河野浦の北前船主・右近家の雄飛——143
（一）越前河野浦
—日本有数の北前船主・右近家を輩出——143
（二）右近家の歴史—日本海五大船主の一人——146
（三）右近家の建物と資料館としての「北前船主の館・右近家」——152
四　富山の売薬業を支えた北前船並びに
薩摩との「特別」な関係——155
（一）富山藩と北前船、売薬業の関係——155
（二）富山の売薬業——〝越中富山の薬売り〟——160
（三）富山藩の「反魂丹役所」の実態——166
（四）薩摩藩の内情および富山売薬商人との結び付き——168
（五）薩摩藩に対する「薩摩組」の昆布廻送——173

（六）「薩摩組」の薩摩藩への貢献 —— 175
（七）「薩摩組」と薩摩藩の関係（まとめ） —— 180
〔別記〕長者丸の遭難事件 —— 181

第五章　北前船と密貿易（抜け荷）異聞 —— 188
一　寛文の抜け船事件と長崎代官の投銀事件 —— 189
（一）寛文の抜け船事件
—対馬・長崎・博多・柳川の関係者らが共謀— 189
（二）長崎代官の投銀事件—末次平蔵茂朝らの犯した犯罪— —— 194
二　西国諸藩の唐船攻撃事件 —— 206
（一）藍島周辺に唐船が出没 —— 206
（二）唐船がもたらした情報 —— 208
（三）乗組員すべてを殺害 —— 209
（四）中国側要求で止める —— 212
三　薩摩藩と豪商浜崎太平次の深い関係 —— 214
（一）薩摩藩の財政難と調所笑左衛門の登用 —— 214
（二）幕府の追及と調所笑左衛門の死 —— 218
（三）指宿の豪商・浜崎家の成り立ち —— 220

（四）八代目浜崎太平次の活躍及び調所笑左衛門との出会い —— 222
（五）体制を強化、支店網を充実し造船業にも進出 —— 228
（六）薩南諸島における薩摩・加賀船の対英国交易説 —— 233
（七）太平次の最期とその後の浜崎家 —— 238
〔別記一〕五代才介と生糸貿易 —— 244
〔別記二〕薩摩船の新潟沖遭難事件 —— 244
四　浜田藩と豪商会津屋八右衛門、間宮林蔵 —— 246
（一）幕末の浜田藩―財政難に悩む —— 246
（二）竹島（現鬱陵島）と松島（現竹島） —— 250
（三）幕府、竹島を朝鮮領と認め竹島渡海を禁止 —— 252
（四）会津屋八右衛門、竹島渡海を志す —— 254
（五）幕府隠密・間宮林蔵と浜田藩竹島（鬱陵島《うつりょうとう》）事件の処分 —— 258
五　幕末長州藩と英国・米国商人たちの暗躍 —— 262
（一）村田清風による財政再建 —— 262
（二）欧米商人たちの暗躍 —— 265
六　『余話』高田屋は密貿易に無関係だったか
―金兵衛の追放処分― —— 266

（一）高田屋の闕所・所払い事件起きる —— 266
（二）苛酷な処分の背景と疑問点 —— 270

あとがき —— 273

年表 —— 275
主な参考文献 —— 281

第一章　北前船とは？

北前船の起こり

かつて江戸時代を中心に、日本海沿岸の各地や蝦夷地《えぞち》（北海道）の港から江戸、大坂（大阪）などへ、船を利用していろいろなものが運ばれた。

これらの船は、西廻り航路―瀬戸内海を通って大坂、江戸へ向かう航路―か、東廻り航路―津軽海峡を通って江戸へ向かう航路―を利用した。

そのうち、西廻り航路を走る船を「北前船《きたまえぶね》」と呼ぶようになった。理由は、北廻り船がなまったとか、北前とは日本海の意味でそこを走る船だからという説など、いくつかある。

注・主に大坂・瀬戸内の言葉。地方により「バイ船」(富山県)、「ベンザイ(弁財)船」、「ベザイ船」(東北地方)、「千石船」ともいわれた。

まもなく一八世紀の初め頃になると、東廻り航路に比べて西廻り航路の方がさかんに利用されるようになる。

東廻り航路では、太平洋側を北へ向かう黒潮の流れに逆らって走らなければならない。当時の構造の船では、航海が大変だったのだ。

また、西廻り航路の方が荷物を安く運ぶことができたようだ。江戸時代、このコースの中間にある東北・北陸ほかの港には、多くの廻船問屋が立ち並んで栄えた。

北前船は、明治中期（明治三〇年代）頃まで活躍していた。その航路は「昆布ロード」という別名で呼ばれることもある。また、北前船は巨大な帆一つで帆走する、「動く総合商社」でもあった。

北前船ぼっ興の裏事情

江戸時代、将軍城下の江戸の繁栄、人口の急増、大都市化などの事情が顕著になり、幕府には、各地の天領の年貢米を江戸に運ばなければならない必要性が生じた。

一方、諸藩においても、年貢米を江戸・大坂・京都などに送り出したうえで換金し、生活物資を得る必要があった。

こうした事情が、北前船ぼっ興と繁栄の裏に存在していた。

北前船の規模はどうだったのか？

北前船は、五〇〇～一、五〇〇石（一、〇〇〇石前後）を積むものが多かった。大坂～江戸間の運送をしていた、いわゆる菱垣《ひがき》廻船、樽《たる》廻船と似た構造だったが、幕府の鎖国令により、外国への渡航を禁じる目的で大きさが制限されたうえ、帆柱も一本に制限されていた。

方角は船磁石《じしゃく》によってわかったが、六分儀《ろくぶんぎ》で自分のいる場所を測定できなかった。このため、陸を見ながら航行し、順風が吹くまで湊《みなと》（港）で風待ちすることも多かった。海での遭難事故も、多く発生していた。

北前船は何を運んだか？

北前船では、蝦夷地向け（下り）にはコメ、塩、味噌《みそ》、筵《むしろ》、縄《なわ》など、本州方面向け（上り）にはニシン、数の子・〆粕《しめかす》（鰊搾粕《にしんしぼりかす》）、昆布などの海産物が運ばれた。

詳しくいえば、大坂では酒類・麺類・木綿・衣料品・タバコ・油など、瀬戸内では塩・砂糖・紙など、山陰の境港では鉄やコメなど、佐渡の小木、若狭の小浜・敦賀《つるが》では縄・筵《むしろ》・カマスなど、越前では笏谷石《しゃくたにいし》（石材）など、新潟・酒田ではコメなどを、それぞれ積み込んでいた。

加賀・越中の北前船の場合、乗組員は毎年三月頃、徒歩で大坂に行き、停泊《ていはく》していた船に雑貨、砂糖、木綿、銅、古着などを積み込んだ。

大坂出航後は、途中の寄港地で交易をしながら蝦夷地の松前や箱館まで行き、そこで昆布、ニシン、数の子などを仕入れた。そこを出ると、途中で木材や大豆、コメなどを積み込み、一〇月頃、大坂に帰るのが一般的であった。

なお、冬は海が荒れるので、航海は困難だった。

北前船の特徴

北前船の大きな特徴をあげると、多くは「運賃積み」—運賃で利益をあげる方式—ではなく、「買い積み」—早く運んで稼ぐのでなく、買い集めた品物を有利な土地に運んで高く売る方式—が主体だった。

「運賃」よりも「価格差」で利をあげる方式をとっていたのだ。船頭の才覚によっては、一航海で千両もの利益をあげることがあったようだ。

乗組員の賃金体系についてだが、船頭や水主《かこ》には一定額の低い給与しか与えず、あとは「帆《ほ》待《ま》ち」や「切り出し」といった歩合給で、努力に応じて支給するというやり方だった。

注① 「帆待ち」…北前船には船主の荷以外に、船頭個人の商業用荷物をある程度積み込むことが許されており、この荷物をさす。

② 「切り出し」…船乗り（水主）の正式な給与以外の歩合給。

なお、給与の具体例をあげると、次のとおりとされている。

船頭（せんどう）	船の最高責任者	三両
知工（ちく）	事務長または会計係	二両
表　（おもて）	航海士	一両三歩二朱
片表（かたおもて）	表の補佐役	一両一歩
親父（おやじ）	若衆を指揮する年寄り・現場係長	一両二歩

若衆（わかいしゅう）　普通の船乗り。航海中、ほぼ六時間交代　一両
炊　（かしき）　最年少の水主見習い　三歩
（安政六年。瀬越＝石川県加賀市＝の大家《おおいえ》七平家の記録）

北前船は経済性も高く、多くの有力船主を輩出した。

とくに、蝦夷地のニシンが近畿や瀬戸内地方の農業に不可欠となり、一方で瀬戸内の塩や各地のコメが蝦夷地に送られるようになった。

北前船と蝦夷地

初め、この役割を担って登場したのは、琵琶湖畔の近江《おうみ》商人たちであり、十六世紀末には、建部《たけべ》七郎右衛門・田付《たつき》新助・岡田弥三右衛門・西川伝右衛門らが、すでに蝦夷地に進出していた。近江は海がないので、利用港としては隣国・若狭の小浜《おばま》や敦賀《つるが》が用いられた。

また、北前船の船乗りには、当初、越前や若狭・加賀・能登など、北陸の船乗りが用いられた。蝦夷地と北陸を結ぶ海路は、近世に入って、とくに盛んになった。日本海沿岸の村や町には、今もその痕跡《こんせき》が残っている（屋敷跡、神社の船絵馬、灯籠《とうろう》、鳥居、玉垣など）。

第二章　三つの主要航路と河村瑞賢の活躍

一　わが国の三つの主要航路

わが国の主要航路

わが国の主要航路としては、次の三つがあった。

・南海路（江戸―大坂）＊「菱垣廻船」、「樽廻船」が活躍。
・西廻り航路（蝦夷地・東北―大坂）＊「北前船」は西廻りが主であった。
・東廻り航路（蝦夷地・東北―江戸）

北前船の活躍は、十八世紀中頃から盛んになったが、それ以前から蝦夷地と大坂を結ぶ海運はあった。若狭・敦賀《つるが》で陸揚げをして、琵琶湖水運を経由、京畿《けいき》に至るのが主なルートだった。蝦夷地―大坂を直行する北前船の契機となったのは、寛文十二年（一六七二）の、河村瑞賢《ずいけん》による西廻り航路の開拓であった。

ただし、厳密にいうと、このルートを使って、最初に加賀国から大坂にコメを運んだのは、加賀藩主前田家であり、大坂の豪商淀屋《よどや》、兵庫の豪商北風家と結んで行われたといわれている（この点については後述する）。

北前船の歴史的な役割

北前船の果たした役割を整理し、振り返ってみると、次の五点だったと思われる。

①経済の一大中心地江戸・大坂の繁栄を支えた。

②日本海沿岸の経済活動を盛んにした。

③鎖国体制のもとでも、人びとの中に進取の気風、視野の拡大など精神的風土を育て、通婚圏を拡大した。

④上方文化の中に北方文化を導入し、逆に、蝦夷地その他の各地間における文化の交流を盛んにした（蝦夷屏風《びょうぶ》、九谷焼・伊万里焼などの焼き物、船簞笥《たんす》など）。

⑤明治中期以降、北前船に代わり、汽船の活動が盛んになってからも、北前船生き残り組が地方経済を支える勢力になった。（海運業以外にも銀行・問屋・倉庫業・大地主・鉱山経営・保険業などに進出）。

北前船の終焉《しゅうえん》

江戸時代は、地方によって商品価格に大きな差があり、北前船は大きな利益をあげることができた。

しかし、明治に入ると、電信の普及などで価格情報がいち早く伝わるようになり、北前船の「うまみ」は薄れてきた。また、積載量も大きい汽船が普及したことにより、北前船は終焉を迎える。

概ね明治三〇年（一八九七）代のことであった。

二　河村瑞賢の活躍

（一）河村瑞賢の経歴と人間性

河村瑞賢とは？

わが国の土木学会が、平成一三年（二〇〇一）に『没後三〇〇年　河村瑞賢　―国を拓いたその足跡』（土木学界土木史研究委員会河村瑞賢小委員会編）という本を出している。

このこと自体が、「河村瑞賢」（一六一八〜九九）という人物の歴史的な存在の大きさ・重要性を、端的に物語っていると思う。

わが国の海運史上、江戸時代初期に「東廻り航路」と「西廻り航路」が確立されたことは、非常に重要なできごとだ。これらの航路が開かれたことで、〝天下の台所〟大坂と、徳川政権の城下町であり大消費地だった江戸の繁栄が、しっかりと支えられた。

この二つの航路を整備したのが、江戸時代初期の豪商・河村瑞賢《かわむらずいけん》である。

ただし、瑞賢は「海運」の功労者だっただけの人ではない。むしろ、「大土木事業家」の色彩が強い人物だったので、本稿では紙面の許す限り、その辺についても紹介したい。

伊勢国に生まれ江戸に出る

河村瑞賢は、元和四年（一六一八）二月、伊勢国（三重県）度会《わたらい》郡東宮《とうぐう》村（現南伊勢町＝旧南島町）の農家の長男として誕生した。

河村家の祖先は藤原秀郷《ひでさと》の一〇世の孫、秀高だといわる。秀高は相模国（神奈川県）の河村に住んだので、「河村」姓を名乗るようになったという。その子秀清は、源頼朝に従い奥州平泉（岩手県）の豪族藤原泰衡の征討に軍功をあげたのち、伊勢（三重県）に移り住んだらしい。

瑞賢の高祖父である政村、曾祖父の政重、祖父の政房は、伊勢の国司北畠《きたばたけ》氏に仕《つか》えたが、政房は北畠氏が織田信長に亡ぼされた後は、蒲生氏郷《がもううじさと》に仕えたようだ。氏郷の没後は、禄を離れて帰農したと推測される。政房の子政次が瑞賢の父だが、農民になっていたらしい。

寛永七年（一六三〇）、瑞賢が一三歳のとき（一説では一五歳のとき）、父政次は瑞賢を友人に託して江戸に行かせた。

瑞賢は初め江戸で車力《しゃりき》（車引き）などをしながら暮らし、元服して「十右衛門」と称した。二〇歳（一説では一七歳）を過ぎる頃までは、恵まれない生活をしていたようで、その頃の次のような逸話が残っている。

瑞賢は上方《かみがた》へ行ってひと旗あげようと考え、私財を売って小田原まで来たところ、宿屋の老

人が、

「江戸を去り上方へ行くのは間違っている。お前の骨相を見ると、大いに成功する相だから、江戸に帰って努力せよ」

と諭《さと》した。瑞賢が品川まで帰って来ると、たまたま七月の盂蘭盆《うらぼん》の後だったので、辺りの海岸に、お盆の精霊《しょうりょう》流しの供物（瓜《うり》や茄子《なす》など）がたくさん打ち上げられていた。

瑞賢は乞食《こじき》にわずかの銭を与えて拾い集めさせ、漬物《つけもの》にして車力や工事人夫たちに売り出した。これが、商人として売り出すきっかけになった。

そのうち、工事関係者に指図している役人とも知り合い、信頼を得て人夫頭となった。やがて工事請負いの仕事をするようになり、徐々に資産も増えて霊岸島《れいがんじま》（東京都中央区の地名。別名「新川」）に居を構え、材木商を営むようになった。

「明暦の大火」後、木曽材で巨利を得る――のち土建業に進出

明暦三年（一六五七）、江戸の町に大火（いわゆる「明暦の大火」）があった。江戸市街の大部分を焼き、焼失町数八〇〇町、焼死者一〇万人といわれる。

このとき瑞賢は、わが家が燃えるのも顧みず、持てるだけのお金を懐《ふところ》に、木曽《きそ》（長野県南西部）へと走った。

現地に着き契約相手の家を訪れると、門内に遊んでいる子供らを見かけたので、小判二枚に

火箸《ひばし》で穴を明け、紙のこよりを通して玩具《がんぐ》をつくり、子供に与えた。これが功を奏し、瑞賢は江戸の大金持ちと見られて材木の購入契約が成立した。

大火のあと、新しい町づくりのために霊岸島に移された商人たちが、輸送に不便をきたしていると、瑞賢は彼らと謀《はか》り、隅田川、日本橋川へ連なる新川の掘削を出願。許可が下りると直ちに工事に着手して、橋や河岸も整えた。

やがて新川の界隈《かいわい》には酒蔵が並び、江戸最大の酒市場となったという。それ以降、瑞賢は土建業を営んで、幕府や諸大名の注文を受け、巨万の富を築いたようだ。

瑞賢は各方面の要路に取り入ることに巧みで、役人たちからも信任を得ると同時に、その名が幕府の重臣にも知られるようになった。

また、彼が難かしい仕事を容易にこなしたという逸話は多い。

江戸・芝の増上寺で鐘楼《しょうろう》を造って鐘《かね》を吊《つ》ったが、位置が下り過ぎていて撞《つ》くと具合が悪い。改めるのには多くの経費がかかるので瑞賢に相談すると、半分ほどの費用でやれると言って引き受けた。

先ず、人夫二〇〜三〇人を連れて近所の米屋からコメを買い、米俵を鐘楼の下へ運ばせた。米俵が鐘楼にくっついたとき、これを土台として鐘を押し上げ、何回かこれを繰り返した。

鐘の位置がちょうどよいところに来たとき、これを固定させた。それから、再び米屋に対して一俵につき米五升の引取料を払って、引き取らせたという。

また、増上寺本堂の瓦《かわら》が破損した際に修理の依頼を受けると、東風の吹くのを待って凧《たこ》を飛ばし、棟を超えて堂の後方へ墜ちさせた。糸が堂の棟をまたがるようにし、縄をつないだりして縄梯子《なわはしご》を作り修理した。

その結果、費用が他の業者の見積額の三分の一で済んだという。

瑞賢はまた、他人が金儲《もう》けをすると、自分が儲けたように喜び、当人を招いて、「今、幕府・大名の持っている金は、皆、埋もれている金だ。これを市中にばらまけば、人夫に至るまでその利沢を蒙《こうむ》る。そうなれば、金銀が天下を馳駆《ちく》することになり、喜ばしい」と言って宴を張ったという。

ただし、そうした知恵だけでは、大事業はできない。信頼できる部下を持ち、周到な準備をして臨んだからこそ、後年、大事業をなし遂げられたのだと思われる。

（二）東廻り航路の開拓

航路の刷新が必要に

慶長一一年（一六〇六）、江戸城修築工事が始まったため、建築資材の海路輸送が多くなった。また人口増加に伴い、酒、醤油など日用品の需要も増えていった。

そこで、江戸～上方方面間の海運が発達した。これに従事したのが「菱垣廻船《ひがきかいせん》」で、元和五年（一六一九）に始まった。次いで、「小早《こはや》」という船が起って、主に酒の輸送に従事、のちには「樽廻船《たるかいせん》」と呼ばれるようになった。

ただ、これらの船はコメを積むことはほとんどなかった。幕府の創設当初は、江戸周囲には平野が広がり、コメに不足するほどではなかったのだ（一部の例外を除く）。

しかし、京都・大坂では、人口の増加に伴いコメを移入する必要が生じてきたし、江戸の町も明暦の大火のあと市街地が膨張してきて、コメが不足するようになった。

そこで幕府は、各地の天領の産米を江戸へ移入しょうと計画した。中でも奥羽地方は、コメの産出量も多かったので、江戸の商人に命じて輸送に当たらせた。

当時は、阿武隈川《あぶくまがわ》河口の荒浜（宮城県）から海路を江戸へ向かう方法がとられたが、危険な犬吠埼《いぬぼうさき》（千葉県）沖を通過するのを避け、銚子《ちょうし》（千葉県）で川船に積み替え、川をさかのぼって江戸へ運ぶ、というルートが使われていた。

しかし、このルートは日数がかかり過ぎる難点があったので、幕府は瑞賢を登用して、航路および輸送を改革しょうと企てた。

幕府、河村瑞賢を起用　―「東廻り航路」を開拓―

寛文一〇年（一六七〇）冬、幕府は奥州信夫《しのぶ》郡桑折《こおり》・梁川《やながわ》・福島（天領。現福島県）などの官米数万石を、江戸まで廻漕するよう河村瑞賢に命じた。このとき瑞賢は、五三歳だった。

瑞賢は先ず部下を派遣して、江戸から荒浜に至る間の湊々を視察させ、そのうえで図を添えた報告書を提出させ、これをもとに新しい輸送戦略を策定した。

次に、産米を阿武隈川の舟運を使って、河口の荒浜（宮城県）に集荷させることとし、そのために福島上流約四キロ付近から下流の阿武隈川を改修し、浅瀬、急流などを記した水路図を作成した。また、荒浜以南の寄港地を、常陸《ひたち》（茨城県）の平潟《ひらかた》、那珂湊《なかみなと》、下総の銚子、安房の小湊（ともに千葉県）とし、それぞれに「立務所」（役人を常駐させた詰所）を置くこととした。立務所には、積み荷の安全管理、船の監視・修理、難破の取り扱い方などを、担当させるようにした。

さらに、利根川・江戸川を利用した航路をやめ、房総半島を廻り直接江戸へ回送する方法を考えた。この方法は既にあったが、房総半島を廻ってすぐ江戸湾に入る方法では、この半島西岸で難破することが多かった。

そこで、小湊を出てからは直接、江戸に入らず、いったん房総半島を迂回して西へ行き、伊豆半島下田または三浦半島の三崎で風待ちをし、西南の風を待って江戸へ入るという新しい航路（「東回り航路」）を開発した。また、船は堅牢といわれる伊勢、尾張、紀州などの船を用い、乗組員として雇い入れた。

この方法は安全で手数が省け、日数も短いうえに荷痛みも少なく、総てにおいてそれまでの方法を上回っていた。

なお、船には御城米船の幟《のぼり》を掲げ、沿岸の諸侯・代官に命じて保護に当たらせるようにした。また船足を定め、櫓床《ろとこ》から水面までは六寸（約一八チセン）とし、積み過ぎて沈没することのないよう、立務所でこれを検査させた。

そのほか、堅牢な船の選択とともに、乗り込む水夫も熟練者を厳選し、その妻子を保護するなど、きめ細かな家族の保護制度を採用した。

一方、船員の食糧は各寄港地で調達し、それぞれ必要量を超えて積み込むことにした。食糧は、強風の折などには城米より先に投棄することを原則としたが、無事江戸へ入港した際には、余分の食糧を売り利を収めることを許した。

こうした瑞賢の建議案は幕府に採用され、実施に移された。「東廻りの航路」の設定は、奥羽・関東の舟運全体に強いインパクトを与え、奥羽地方開発の基軸となった。

〔参考〕阿武隈川河口・荒浜の発展経緯

江戸時代の初め、伊達藩では北部の米を石巻港から積み出し、江戸へ送っていたが、のちには南部の阿武隈川周辺でもコメができるようになった。このため伊達藩では、阿武隈川を下って江戸へ送ることもあった。

その後、幕府は阿武隈川流域の伊達・信夫（福島県）の両郡を召し上げ、天領にしたので、この天領のコメを江戸へ運ぶ必要が生じた。

幕府は、初め江戸商人・渡辺友以《ともも ち》に命じて、米の運搬を請け負わせた。友以は難所の多い岩を崩したりして、できるだけ船で河口まで運べるよう工夫した。しかし、日数がかかったり、荷物が痛んだりして費用がかさむ一方、河口に集めたコメも直接、江戸へ運んだのではなかった。荒浜から那珂湊までは海路をとり、そこから川や湖を通り陸揚げをして利根川に運び、この川を上り江戸川を下るのだ。

しかし、河村瑞賢は「直接、江戸へ運ぶ方法はないのか」と考え、これを実現した。寛文一一年に幕命を受けると、配下の者を湊々へ派遣して情況などを調べさせ、自身でも荒浜、阿武隈川を調べた。そして、前述したように、この年の御城米を無事に江戸へ送り届けたのだ。

この功で瑞賢は、幕府から褒美《ほうび》に預かり、伊達藩からもたびたび御進物が下された。

荒浜から江戸へ行く船は、直接、荒浜へ入港したり、荒浜沖に待機し、艀《はしけ》で米を積み込むなどしたが、河口が流砂で浅くなるので、のちには松島湾の寒風沢《さぶさわ》や牡鹿半島の小渕《こぶち》に船を待たせておき、荒浜から持っていって積み込み、江戸へ向かうという手順をとるようになった。

荒浜には、天領だけでなく米沢藩、伊達藩の米も川を下って集められ、それぞれに米倉や役所などがあり、藩主、代官らの視察もあった。また、コメ以外のものの集散地でもあり、伊達藩の港としては、石巻に次ぐ賑わいをみせた。

（三）西廻り航路の開拓

西廻り航路の発展過程

翌寛文一二年（一六七二）、幕府は、前に東廻り航路を開拓した河村瑞賢に対し、出羽国最上郡（山形県）の天領のコメを、江戸へ輸送する航路を開くよう命じた。

最上川流域には、米沢・上山・山形・天童・新庄各藩のほか、一五万石に及ぶ天領があり、それらの御城米や蔵米などが集まる酒田には、多くの船が参集していた。

〔それまでの日本海海運の発展過程〕

もともと日本海海運は早くから開け、室町時代には、越前・若狭から北陸・出羽・津軽・蝦夷地に至る海運があった。その頃はコメを運ぶことはほとんどなかったが、江戸時代に上方向けのコメの輸送が始まると、北陸・出羽・津軽の諸藩は敦賀・小浜の町人を蔵宿《くらやど》に指定して、その輸送を取り扱わせた。多くは京都・大坂方面に送られた。

ルートは、敦賀からのものは琵琶湖北岸の塩津・海津・大浦（いずれも滋賀県）、小浜からのものは今津（滋賀県）へと運ばれたが、その間は陸路を馬に積み、次いで琵琶湖上を船で大津に運び、再び陸上駄送で京坂に運ぶのだ。

しかし、このルートをとると、手数も費用も相当かかる。そこで、海運だけで直接、大坂へ送ろうという機運が高まり、下関を迂回《うかい》する西廻り海運が起った。

寛永年間（一六二四〜四三）になると、加賀・能登・越中のコメが西廻りで運ばれたのを初めとして、時代とともに越後や出羽のコメが、西廻りで大坂に送られるようになった。

この点について、寛永一六年（一六三九）、加賀藩が年貢米百石を下関経由で大坂へ送ったことが、「西廻り海運の創始」といわれているようだ。

注・ただし、後述するように、加賀藩がそれ以前の秀吉の時代に送ったという見方もある。越前敦賀で陸揚げし、琵琶湖水運を経て陸路で大坂に送るより日数はかかるが、運賃は安上がりと計算したのだ。

ちなみに、加賀藩の依頼で大坂でのコメ売却を引き受けたのは、今も淀屋橋に名を残す豪商・淀屋个庵《こあん》で、そのコメを運んだのは、兵庫津（神戸市兵庫区）の豪商・北風彦太郎だった。なお、兵庫津と大坂は目と鼻の先なのだが、安治川や木津川の河口は水深が浅く、兵庫津で満潮を待つか、もしくは荷を「渡海船」と呼ばれた小船に積み替えることが多かった。（淀屋と北風家の詳細については、後述する。）

瑞賢の講じた「西廻り航路」改善策

瑞賢は幕府からの命を受けると、先ず瀬戸内海の備前（岡山県）、讃岐《さぬき》（香川県）などの諸国に人を派遣し、航路の利害、危険度、港湾の利便などを詳しく調べて報告させた。

出羽の酒田（山形県）にも人を派遣し、廻船の出発港口となる袖浦《そでうら》（酒田の南西部、最上川河口左岸）の状態を調べさせた。こうした調査結果をもとに、計画を立てて幕府に建議した。その要旨は次の通りである。

①　西廻り航路は遠く、潮汐の険悪さは東廻り航路の比ではない。船は北海の風潮に慣れた者を雇うべきだ。

讃岐《さぬき》（香川県）の塩飽《しわく》諸島、備前（岡山県）の日比浦、摂津《せっつ》の伝法（大阪市此花区）・河辺（兵庫県神戸）・脇浜（同県神戸）などの船は皆、用いるべきだ。とくに塩飽の船は完堅で精巧なこと他に見られないところで、郷民も純朴だから、最も多くこれを取るべきである。尾張・伊勢などの船は、不足を充たす程度に取ればよい。

②　城米は最上川を舟で下り、酒田に集めて貯蔵し廻船に積み込むのだが、従来、川舟の運賃を民間の負担としていたのを、今後は「官が支払う」こととする。

また、官倉の多くが上流にあり、運賃には上流の船持ちが多数、これに預かっているが、今後は上流・下流も、均しく恩恵に浴するように改める。

③　酒田の貯蔵場は、民間の私物と一緒に置けば、不虞《ふぐ》の災いもあるので、海岸便要のところに倉を設けた方がよい。

④　小舟に分載して廻船に積み込むにも、相当の費用を要するので、これを庄内藩主酒井家の負担とせず、幕府が支弁すべきである。

⑤ 廻船が袖浦を出航する際、東廻りの例に従い、御城米船の幟《のぼり》を与えてこれを掲げさせる。また従来、北国の各港では運送船に入港税を課していたため、船乗りは税を免がれることを考え、なるべく港に立ち寄らないよう航海に無理をする傾向にあったが、今後は税をとらないよう沿岸各地に通達する。

⑥ 途中の寄港地を、佐渡の小木《おぎ》、能登の福浦《ふくら》、但馬《たじま》の柴山《しばやま》、石見の温泉津《ゆのつ》、長門《ながと》の下関、摂津の大坂、紀伊の大島、伊勢の方座《ほうざ》、志摩の畔乗《あのり》、伊豆の下田とし、これらの地に立務所を置き、東廻りと同様に、沿道の幕府代官・諸侯に令して、御城米船に保護を加えることとする。

⑦ 暗礁《あんしょう》の多い志摩菅島《すがじま》（三重県鳥羽市沖の島）の白崎山中腹では、毎夜、烽火《のろし》をあげて船の目標とさせる。また、下関海峡には海中に岩礁《がんしょう》があり、入港に難儀するので、水先案内人を備えさせることとする。

以上のような方針のもと、瑞賢は最上川の水運を利用し、河口の酒田で船に積み換えて日本海沿岸から瀬戸内海・紀州沖・遠州灘を経て江戸に入る航路（「西廻り航路」）を開拓し、時間と費用の大幅な減少に成功した。

寛文一二年三月には、長男伝十郎や多くの部下たちを同行して江戸を出発し、四月八日に酒田へ着いている。公儀の役人として堂々と乗り込んだのだ（『奥羽海運記』）。酒田へ到着すると現地の町役人が出迎え、宿所の加賀屋（姓を二木《ふたぎ》という豪商）に一カ月ほど滞在した。その間に、鶴岡の庄内藩主（酒井家）から、たびたび贈物が届けられたという。

五月一〇日、瑞賢は酒田を発ち、下関・大坂から長崎へ足を延ばして見聞した。その後は下関に引き返して、瀬戸内海の海路を視察しながら大坂に上陸し、陸路、京都に入り、東海道を経て江戸に帰着した。

七月には城米を積んだ船が順次、江戸へ到着し、しかも船の沈没や損傷もなかったという。

幕府は、瑞賢の努力で東廻り・西廻り航路が安全となり、奥羽の海運の発展に寄与するところが大だったので、これを賞して金三、〇〇〇両を与えた。

「西廻り航路」は、日本海側の湊を繁栄させ、各河川の舟運を活発化させた。また、その後、日本海と琵琶湖との直接連絡を企てる運河開削の計画や、琵琶湖と伊勢湾間の運航を企てる運河計画などが続出した。

（四）主な寄港地別の特記事項

①　酒田（山形県）

瑞賢は酒田に「瑞賢倉」といわれる倉を建てた。野ざらしの米俵を積んだだけの原っぱで、いわゆる「御米置場」だった。瑞賢倉の土台作りは寛文一二年（一六七二）一月から行なわれ、約三万人の人夫を動員し、四万俵の土嚢《どのう》を積み上げたという。周囲に木の柵や掘も作られ、コメは材木を桝型《ます》に組んで土台にしたらしい。

② 小木（佐渡島）

寛文一二年、瑞賢は小木に立ち寄る。南風の強い地域のため、半島状に出ている部分の付け根を掘り、船が通えるようにしたという。小木は金の積出し港でもあった。

享和二年（一七一七）頃地震があり、海岸線が一メートルほど隆起し港も浅くなったため、三味線掘が作られ、沖の船から伝馬船に乗って荷物を揚げた。

幕末には新潟港が開港し、佐渡の両津港がその補助港となる。小木は一時期、「裏玄関」といわれるほどに寂れたが、最近は「南玄関」と呼ばれ、にぎわいを取り戻しつつある。

小木の港から西へ約四キロほどのところに宿根木という集落があり、船乗り、船主、船大工などが多く住んでいた。

③ 温泉津《ゆのつ》（島根県）

寛文一二年、温泉津が西廻り航路の港として指定される。この航路の船は主に越前、越後、佐渡、摂津、和泉、豊後、瀬戸内等だった。廻船は入港の際、日の丸を描いたのぼり、または帆を上げるよう定められた。日の丸があれば、入港のためのフナヤイ銀（入港料）が免除されたという。

港には番所を設けており、「船表番所」跡地が残る。物資の流通を監視する「口止め番所」も、町並みの出口に設けられていた。港には近世の客船帳が二二冊残っており、調査した結果、寛永年間から明治末期（一六二五〜一九〇〇年代）までに入港した北前船は、三〇、一〇〇艘余あったという。陸揚げ物資はコメ、大豆、小麦、昆布などで、石見銀山や温泉津へ売買された。

④　下関（山口県）—「西の浪華《なにわ》」

瑞賢の建議で北前船の港として発展し、「西の浪華」といわれた。延宝三年（一六七五）、幕命により「域米検査役」が赤間関《あかませき》に設けられ、小倉屋ら二人がこれに当った。関門海峡は流れが早く岩礁も多いので、沿岸各地に火を焚《た》き、響導船《きょうどうせん》（水先案内）をつけるよう定めていた。稲荷町には花街があり栄えた。

蝦夷地産鰊粕《にしんかす》の輸送は、魚肥の需要を増大させた。廻船は必ずしも陸地近くを通る必要もなくなり、「沖乗り航法」に変化して行き、酒田から佐渡の小木、そして途中で寄港せず直接、下関に着くようになる。北国と大坂の中継的商業に過ぎなかったのが、九州、四国、山陽を交えた中継貿易港の役割を果たすようになり、長州全体の輸出港としても重要な役割を果たすようになった。

のち西日本随一の要港として栄え、大坂に上らず下関で取引きし、そのあと蝦夷地へ行き、数回回航して利益を上げる船も多くなった。大坂の西村屋などは下関に支店を設けた。

長州藩自体も関ヶ原の戦い後、領地を防長二州に減らされ、財政逼迫《ひっぱく》の中で北前船の儲けに目をつけ、資金を投じて港湾を整備するとともに、下関に「越荷方《こしにかた》」役所を設け、莫大な利益をあげることができた。

⑤ 塩飽《しわく》諸島（香川県）

塩飽諸島は瀬戸内の狭い海峡にある。本島には、「塩飽勤番所」という役所の跡があって、現在は資料館になっている。寛文一二年に河村瑞賢が西廻り航路を開拓するが、その時から既に塩飽の船は参加していた。

ちなみに、正徳三年（一七一三）頃は塩飽が非常に栄えており、四七二艘の船があった。中でも千石船といわれる二〇〇石以上の大型船が一一二艘を数えたという。三、七〇〇人余りがそれらの船に乗っており、その頃の塩飽の人口は一〇、五〇〇人ぐらいいたらしい。

新井白石も、『奥羽海運記』の中で、「塩飽の船は特に精巧完堅でしかも大きい。住民は純朴で、なるべくたくさん塩飽の船を使いなさい」と進言しており、操船技術は日本一という定評があった。

なお、塩飽独特の「人名制」は、六五〇人で一、二五〇石の領地を持っているが、実際にはその中から四人の「年寄」という役を選び、この四人の合意制により一年交代で政治を行なっていた。①一、二五〇石の領地で幕府には一文も納めなくてもよい、②それだけで島の統治をやっていきなさい、③ただし軍役など一定の役割を果たさせる、というやり方だった。

（五）淀川などの河川改修事業を推進

河村瑞賢と「東廻り航路」、「西廻り航路」について見てきたが、彼はそれだけの人物ではなく、当時の在野の「大土木事業家」だった。以下、この点についても触れておく。

淀川・大和川などの改修事業を推進

当時、我が国の主要河川の河口付近にある港では、上流から流入する土砂により港が閉塞する問題が、しばしば起きていた。

この点について、瑞賢は「上流の治山と下流の治水を一体的に整備すべきだ」という認識を持っていたようで、この考えは、徐々に幕府上層部に伝わったようだ。

畿内の大坂平野は、もともと大和川、淀川など多くの河川が上流から土砂を運び、それが堆積して地域を形成したところだ。その淀川は下流で大和川と合流していた（現在は両河川がそれぞれ独立して流れている）が、両河川の合流している付近を中心に、淀川筋、大和川筋、寝屋川筋の低湿地は排水条件が悪く、長雨や集中豪雨に会うと氾濫《はんらん》を繰り返していた。

天和三年（一六八三）の洪水は特にひどく、流出家屋一万五、〇〇〇戸、被災者三〇万人、死者五、〇〇〇人に達した。幕府はお救い小屋数十箇所を設けて、被災者を収容したほどだった。さらに、延宝二～四年（一七五二～五四）、連続して発生した淀川、大和川下流の大水害は、幕府の淀川改修着手のきっかけをつくった。

この年二月、将軍徳川綱吉は稲葉石見守《いわみのかみ》正休《まさやす》・彦坂壱岐守《いきのかみ》正紹・大岡越前守清重ら若年寄三人に命じて、畿内の河道を巡視し、その治水の策を立てさせた。このとき六七歳の瑞賢は幕府支配土木方として随行した。

三月、彼らは京都入りし、瑞賢はその命を奉じて保津川を下り嵯峨《さが》に着いた。その後、淀、鳥羽に至り、伏見から淀川を舟で下って大坂に達し河口を視察。さらに大和川筋を見、東北の山々の土砂が崩れ落ちる状態を観察した。摂津《せっつ》の西南部、水害に苦しむ地方の水流をも調査し、中津川をさかのぼり神崎川から尼崎に出て、そこから堺・住吉などへ行き、淀川の河口をよく観察した。さらに大坂を出て奈良へ向かい、木津川に沿って下り、鹿飛・供御瀬・石山を経て、琵琶湖の水が流れ出る口まで行った。

こうした調査結果をもとに、瑞賢は京都へ帰ると、図を作って稲葉石見守正休へ意見を上申した。稲葉石見守ら三人は、閏五月京都へ帰り、幕府首脳に対し、

「治水の法はすべて瑞賢に一任するのがよい」

旨を説いた。この議が容れられ、九月五日、瑞賢は稲場石見守に呼ばれて、彦坂壱岐守、大岡越前守も立会のうえ一切を任せられる命を受けた。

瑞賢の改修計画は、概ね次の三点に注目している。

① 淀川の河口付近がいくつもの枝川に分かれ、曲がりくねって土砂が溜《た》まっている。特に河口にできている九条島が淀川の流れを遮《さえぎ》っており、これをなんとかしなければならない。

② 河口付近の土砂の堆積の原因が、水源山地のハゲ山にあり、山地が荒れている。ハゲ山に

黒松またはヒメシャブシという落葉低木を植樹し、土砂の流れを食い止める必要がある。
③　淀川水系の各河川の土砂さらいをする必要がある。
瑞賢がこの三点の提案すると、稲葉正休はいくらの予算を要するか質問した。瑞賢が、

「ざっと五万両」

と答えると、幕府の財政事情を知る稲葉が頭を抱え込んだ。そこで瑞賢が、

「五万両が無理なら、先ず二万両で九条島の開削をやりましょう。ただ、商人の町を守るためにやるのだから、商人たちにも冥加金《みょうがきん》を出させてほしい」

と提案した。稲葉は江戸へ帰って幕府首脳部に相談するが、財政再建に取り組んでいる大老堀田正俊《まさとし》は、頑《がん》として聞き入れない。

そこで瑞賢は大坂の豪商の間を走り回り、何とか寄付を集める努力をし、また自らの財産で立て替えて工事の準備をした。そして、全国から土木にたけた熟練者を集めた。そのうち大坂商人から予想以上に金が集まり、さらに近郷近在からも、日々、数万人がボランティアで土砂さらい作業に従事したという。

前述の三点に着目して淀川改修工事が行われるが、具体的には下流の九条島の開削から始まる。瑞賢は一二月に江戸を出発し、翌貞享元年（一六八四）一月に京都へ到着。所司代稲葉丹後守正往に会って、命を奉じて治水の工事を始めることを告げた。

その後、大坂に至って工事に着手した。先ず、川水が九条島に当って水勢が弱まり、上流で

の土砂堆積の原因となるので、島のまん中に一本の新川を開いて、淀川の水を大坂湾に直に流すようにしなければならない、として、二月一一日に工事を起した。

九条島の開削は、曲がりくねった河川部を直線河道にするもので、約三キロの新川をつくった。畿内の住民たちは、喜んでその労役に参加し、遠方からも多数集まってきたので、二〇日ばかりで新川ができ上がった。

これが先に触れた「安治川《あじがわ》」で、世にいう、「瑞賢安治川を開く」がこれに当たる。

この新川のおかげで、上流までも流れが早くなった。また、こうして掘った土砂で防波堤を作り、松を植えて海上からの目印とした。人々はこれを「瑞賢山」と呼んだ。

次に、淀川は長柄《ながら》より淀川・中津川に分かれるのだが、中津川の水勢が強いため、淀川の流れが浅くなり、舟運が不便となった。そこで、瑞賢は新しい技法を考え、これにより水勢を二分したので、中津川の流れが緩くなり、淀川も流れが停滞しなくなった。

また、淀川の下流は中之島の東で土佐堀川と堂島川に分かれ、堂島川からさらに曽根崎川が分かれ、九城島の東でこの三流が合して海へ注ぐ形になっていた。

しかし、土佐堀川にのみ水が多く流れ、堂島川と曽根崎川は水が涸れて、とくに堂島川の流れは土砂が貯まって陸地となり、乞食などが群居してほとんど「集落」の状をなしていた。瑞賢はこれを一掃し、もとどおり水が流れるようにした。

この頃、瑞賢は、たまたま江戸に召喚されたので、八月に大坂を発って江戸へ帰った。

その直後、大老堀田正俊が若年寄稲葉石見守正休に刺殺されるという事件が起こり、工事は中止と決定された。

大老堀田正俊刺殺事件との関わり

貞享元年(一六八四)、江戸城内で大老堀田正俊(下総古河藩主)が若年寄・稲葉石見守正休(美濃青野藩主)に刺殺される事件がぼっ発した。犯行の動機は、幕府の記録では稲葉の「発狂のため」とされているが、事件は様々な憶測《おくそく》を呼んでいる。

淀川等畿内治水の事業の任を解かれた稲葉の私怨《しえん》、同事業をめぐる意見対立だとか、将軍綱吉の陰謀説さえささやかれた。注目すべきは、幕府内部の財政難と、河村瑞賢が携わった畿内治水の工事打ち切り論のことが関係している、と考えられるのだ。

大老堀田正俊は打ち切り論者であり、一方の稲葉は瑞賢の立案を採用し、自分が責任者として工事完成を図りたいと考えていた。このため、なんども堀田を説いたのだが、ついに聞き入れられず、最後の手段に訴えたといわれる。

なお、関連して当時、「大和川の流れを付け替えて、大和から直接、河内に流れさせ、支流石川との合流点付近から北流している大和川を西流させ、直接、住吉・堺の海へ流れるように付け替える」という案があり、これをめぐり住民の間でも意見対立が生じていた。

この案について、河村瑞賢は大和川付け替え反対の意見を主張し、一方の稲葉石見守は付け替えを嘆願する今米村（現・東大阪市）の庄屋中甚兵衛の意見を入れて付け替えを主張。結局、大老堀田正俊が瑞賢の案を採用し、幕府方針は付け替え廃止と決定した、という説がある。

また、稲葉石見守が淀川治水費用として四万両の費用を計上したが、大老堀田が別途、随行した河村瑞賢に問い質したところ、「半額の二万両でも可能」との意見を得たことから、稲葉が淀川の治水事業の任から外されたともいわれる。

ただ、稲葉が問答無用で殺されているため、稲葉の犯行の明確な動機は分からない。

その後、改修工事が進む

事件後、河村瑞賢が今までできた工事と今後なすべき工事の概要を上陳したところ、幕府は協議のすえ、再び瑞賢を派遣して工事を続行させることとした。

瑞賢は一一月に江戸を発ち、一二月には大坂で工事を起工した。堂島川の下流を切り開いて通水をよくし、また曽根崎から福島に至る一帯の河岸と中之島の北岸に道路を開き、あるいは橋を架けて往来の便をよくし、九条島の河岸も改修したのだ。

こうして淀川の下流の治水工事はほぼ完成したが、大和川がこのままでは災害がたえないので、貞享三年（一六八六）三月から、大和川の工事にとりかかった。やり方は、主に河道改修だった。

次に西の方、神崎川の江口・吹田から尼崎に至る間を掘って水深を深くし、また中津川一帯や伝法・四貫島のあたりにも工事を施した。淀川が海へ流れ込む辺りには、水流を阻むような堤防を作らず、水田を開墾せず、蘆《あし》が繁茂していればこれを刈り尽くし、もっぱら海口を広くして水勢により土砂を遠くへ押し流すように工夫した。また、淀川の川底には、棄てられた石が多くあるので、これを取り除き、上流の山には植林することを説いた。

工事は始めてから四年で完工し、貞享四年五月、瑞賢は江戸へ帰り、その報告をした。これにより水害がなくなり、河岸に新しく開かれたところには富民らが集まり住んで、にぎやかな町となった。

こうした功を称え、大阪市西区の国津橋のところには、瑞賢の顕彰碑が立っている。

（六）越後での各種土木事業・鉱山開発などに貢献

河村瑞賢は、このほかにも幕命により、または諸藩の要請を受けて、全国各地で治水・灌《かん》がい・鉱山採掘・築港・開墾などの事業を実施したといわれる。

尾張藩の依頼で、名古屋の堀川を改修したという話が残っているのもその一例だが、明らかではない。奥羽地方での金山開発のことを書いた文献もあるが、どこの金山をいうのかはっきりわからない。他にも伝説めいたものは諸方にあるようだ。

ただ、瑞賢の越後における土木・鉱山開発事業については、比較的史料も残っており、ほぼ全容を知ることができる。

寛永〜延宝に至る時代、越後高田（新潟県上越市）は、二六万石の親藩大名・松平家（藩主・松平光長）が支配しており、家老・小栗美作守正矩《みまさかのかみまさのり》は、藩の殖産興業に力を尽し、疏水・潅がい・築港・開墾・鉱山採掘などの新規事業の経営に当った。これについては、河村瑞賢の画策に負うところも多かったといわれる。

ただ、小栗はのちに藩内に生じたお家騒動のため、「奸悪な人物」として将軍綱吉のために切腹させられた。このため、小栗の多くの功績も水泡に帰し、瑞賢の偉業に関する史料も、その多くが失われた。

瑞賢が江戸から越後高田へ来たのは、延宝二年（一六七四）秋頃、即ち西廻り海運に成功した直後で、五七歳のときである。約三カ月間滞留し、その間、藩主・松平光長は小栗に接待役を命じつつ、瑞賢の卓抜な利用厚生の策を学ばせた。

小栗は瑞賢の指揮に従い、この年、信州（長野県）野尻湖の排水に池尻川を拡張し、中江用水の開さく工事に着手した。その後、四カ年の歳月を経て延宝六年（一六七八）、延々七里の大用水路を完成した。

この用水の区域は、現在の水上村四条の大江から板倉・三郷・津有・諏訪・有田の六カ村を貫流し、灌がいの利を受ける対象は実に三、七〇〇町歩、惣高二万六七四石に及んでいる。

小栗はまた、延宝二年（一六七四）に瑞賢の献策を用いて、郷津湾（上越市西海岸）の築港をなした。これが、直江津港築港の初めである。

瑞賢の計画は、従来の直江津港を一新させるもので、古城（上越市）の東、黒井から海へ注いでいた保倉川を切り替えて関川へ落とし、関川の水量不足によって生じる土砂の河口埋没を防ぎ、大船の港への出入りを便にするとともに、大潟地方（中頚城郡）などの湛水を除き、この地方の新田開発を目的としたものだった。

高田藩は早々に工事を着手する。その後、越後（高田藩）騒動で工事は中止となったが、しばらくして瑞賢の進言は着実に実現していった。

（七）上田銀山の開発

河村瑞賢は、また高田藩領の上田銀山（新潟県北魚沼《うおぬま》郡）の銀の採掘にも、力を尽くした。この銀山は寛永一八年（一六四一）、地元農民・源蔵が偶然、鉱石を発見したことに始まる。

当初、会津藩との国境争いがあったが、これに勝訴した高田藩により本格的な開発が行われるようになる。明暦二年（一六三六）には道路普請・山小屋などを完成。翌年同藩の山奉行大門与兵衛が神官らを招き、鉱山開きの神事を行なった。

やがて銀・鉛の採掘が盛んになった。瑞賢が高田に招へいされた頃、小栗美作は瑞賢の指示を仰いだであろう。瑞賢は恐らく、現地を視察して、種々の方策を立てたと思われる。小栗の

『小栗美作有功記』には、

「魚沼郡の内奥州堺に八階山と云高山あり。此山よりかねを掘出す。右瑞賢の見立《みたて》なり。前後五、六年の間出候よし、盛になり候候年は一年に銀七十駄出申候よし。」

と記されている。

注・八階山は「八海山」のことだろうが、この山から銀を産出した事実はないようなので、上田銀山の誤りと思われる。

高田藩の上田銀山経営は、約二〇余年間続いたが、のちに、有名な「越後（高田藩）騒動」で高田藩が取り潰されたので、銀山も一時休止に至った。

（八）瑞賢と新井白石の交流

河村瑞賢を、後世に伝えた功労者は、学者・政治家の新井白石である。学問と実践の一致した文治主義政治家の白石は、瑞賢をことのほか高く評価した。

海航制定については『奥州海運記』で、淀川治水等については『畿内治河記』を著わして、その功を称えた。さらに、白石の自叙伝『折りたく柴の記』では、豪商となった瑞賢の孫娘の婿として、懇望されたことを記している。

瑞賢は、新井白石ら多くの学者と交遊、経済的な支援を惜しまなかった。彼の家には多くの学者が出入りしている。

一方、白石は『畿内治河記』の中で、淀川の治水が仁徳天皇に始まること、天正年間に京都から大坂に至る道路が今のようになるまでは、枚方《ひらかた》から下流は沼沢の地であったこと、そこに道路が通じ田圃が開かれたので、河道が狭まり水害が起るようになったことを述べ、瑞賢がその難を取り除いた功績を称えている。

江戸の豪商にはいくつかのパターンがあり、材木商、請負業などの投機型商人はその一つで、為政者とのつながりを商いの手段とした。そうした中、白石が瑞賢に高い評価を与えたのは、白石の批判対象となった紀伊国屋文左衛門などとは違った瑞賢像によるものだろう。

すなわち、瑞賢の業績が地域開発・国土経営の秀でた発想に基礎をおいていることなどによるものと思われる。

（九）幻の小笠原諸島開拓

晩年のことだが、瑞賢は資金を小笠原長啓に与えて、百年前に発見されていた東海の無人島（のちの小笠原諸島）の開発も企てたが、病のため夢で終わったといわれる。

注・織田信長・豊臣秀吉・徳川家康に仕えた武将・小笠原貞頼は、文禄二年（一五九三）、今の小笠原諸島を発見したという。その後、その子と称する小笠原長直が幕府に小笠原諸島（当時は「巽無人島」といわれていた）への渡航を依頼した（「巽無人島訴状」）。またその子と称する小笠原長啓、さらにその子・小笠原貞任も、同様な訴状を出しているが、二人は身分詐称《さしょう》と判明したという。なお、小笠原貞頼がこの島を発見上陸した証拠はないのだが、島は今でも「小笠原（諸）島」が正式名になっている。

（一〇）故郷東宮、建長寺との縁と瑞賢の最期

故郷東宮と瑞賢の最期

瑞賢が郷里の南伊勢町東宮の神社に建てた鳥居には、「寛文三年」の年号があり、大仙寺に寄付した大般若経の跋《ばつ》には、「寛文四年」とある。瑞賢は江戸の霊岸島《れいがんじま》に居を構え、同郷の松尾芭蕉《ばしょう》とも交流があったらしい。

瑞賢は東宮の村民に尽くすところも多く、生家永続のため土地・山林等を買い増し、家屋・土蔵なども建てているので、東宮の河村家は近郷に比類ない富豪となり、漫遊の文人・墨客《ぼっかく》などがこの地に来ると河村家に宿泊したという。

また、東宮の河村家にある古文書によれば、万治三年（一六六〇）、東宮が飢饉《ききん》のとき、瑞賢は三〇両を村内に貸した。その金は返済したが、その後、再度飢饉に遭遇したとき、また三〇両を貸しており、村の者は河村家の指図に従ってこれを利殖し、寛文一三年（延宝元年＝一六七三）の末までに一五二両余となった。

この金のほかに、瑞賢が公儀御用を勤めて褒美《ほうび》をもらったとき、その中から二百両を村へ与えたので、この二口の金が、東宮村の公用に使われたという。

なお、瑞賢が使った測量の方法などは、彼が得た知識と数学的才能によるものだ、と長内國俊が指摘している。晩年には幕府から「旗本」に列せられ、「禄米一五〇俵」を賜った。元禄十二年（一六九九）六月一六日、一代の豪商・河村瑞賢は、八二歳という高齢でこの世を去った。

瑞賢と建長寺との関係および瑞賢の顕彰碑など

瑞賢とその継子通顕の二代の墓は、鎌倉の建長寺にある。詳しくは、建長寺の「金剛院」という塔頭《たっちゅう》の旧跡にあり、ここにはかつて「華厳塔《けごんとう》」があった場所だといわれている。

しかも、「塔頭」とは、重要な歴代住職の墓がある子院をいうことからして、瑞賢が破格の扱いを受けていることがわかる。法名も「英正院伝籌瑞賢居士」という立派なものだ。

背景として、瑞賢は建長寺裏に別荘や庵室を所有しており、晩年に得度《とくど》・参禅して僧侶となり(八〇歳ぐらいのとき)、蔵住職というお坊さんの位も持っていたらしい。昭和九年(一九三四)、再建された瑞賢の墓の脇に「河村瑞賢追憶碑」が建設されている。

その由来を書いた竹越与三郎の『河村瑞賢伝』によると、瑞賢は、江戸時代前期の曹洞宗名僧で大坂・蔭涼寺を開いた「鉄心禅師」と、深い結びつきがあった。

瑞賢の子の河村通顕も、なかなかの人物で、幕府の要職に就き将軍綱吉の廟をつくったり、江戸城の修理をしたりしている。また通顕は禄四〇〇俵にもなり、寺社の建築や利根川畔などの土木工事を完成させ、房総などの代官として五万石を管轄しており、かなり裕福だったようだ。

一方、瑞賢の故郷・三重県南伊勢町東宮には「東宮瑞賢公園」があり、中央に河村瑞賢銅像、公園から見下ろす位置にある生誕の地には顕彰碑が立っている。また、山形県酒田市の日和山公園には、「河村瑞賢の銅像」がある。

注① 建長寺には、瑞賢や河村家に関する貴重な史料が遺っており、中には郷里の関係者から寄贈されたものも含まれている。

② 瑞賢の故郷・東宮には、河村家の菩提寺「大仙寺」がある。

著書など

瑞賢自身の著書としては、『近代著述目録』・中国古来の治河を説いた『疏鑰《そやく》提要』一巻、『関東水利考』四巻、『奥羽漕運考』一巻、『奥羽海運日記』二〇巻、『漕政議略』一巻、『北陸道巡見記』四巻、『河渠志稿』二巻、我が国の治河を論じた『本朝河攻略記』などがあるとされる（一部に新井白石のものが含まれているかも知れない。また、瑞賢の考えを織り込んで学者が代作した可能性も考えられる）。

また、真珠王として有名な御木本幸吉（安政五～昭和二九＝一八五八～一九四七。志摩国鳥羽浦の大里＝現在の三重県鳥羽市＝出身）は、河村瑞賢の生家を保存し遺蹟顕彰を行なうなど、瑞賢を一代の偉人として尊敬、強い関心を示した。

第三章　西廻り航路を創始した加賀藩と大坂淀屋・兵庫北風家

一　加賀藩産米の西廻り航路による運送開始

江戸時代初期の寛永一六年（一六三九）、加賀藩三代藩主・前田利常は、大坂の豪商・淀屋に販売を依頼し、試験的に百石のコメを下関周りで大坂（大阪）へ送った。このとき、船による輸送は、兵庫津（神戸市兵庫区）の北風家が請負っていた。

一般に、これがいわゆる「西廻り航路の創始」とされているようである。

注・ちなみに、この航路を河村瑞賢が設定したのは、その後（寛文一二年＝一六七二）のことである。

加賀藩は、コメを越前・敦賀で陸揚げし、琵琶湖水運を経て陸路で大坂へ送るよりは、日数がかかるが、運賃が安上がりだと計算したのだ。

この結果、加賀藩では、八年後の正保四年（一六四七）には、上方の船を雇って大坂廻米を始め、明暦期（一六五五〜五八）以降は、他国売りのコメのほとんどを、大坂へ廻送するようになったといわれている。

なお、大坂での米の売却を引き受けた「淀屋」とは、今も土佐堀川に架かる「淀屋橋」（中央区・北区間）に名を残す豪商・淀屋个庵《こあん》（言當《げんとう》）のことであり、そのコメを運送した兵庫津の「北風家」

とは、北風彦太郎のことである。

注・ただ、後述するように、このあたりの事情について、新山通江著『淀屋考千夜一夜』（たま出版）によると、それ以前の豊臣秀吉の時代に、加賀前田藩は淀屋に命じて、約一〇万石のコメを大坂へ送らせたことがある、とされている。具体的には、

① 天正期（一五七三～九二）後半の頃、大坂城を築いた秀吉が天下に君臨して、大坂の人口が急増。大坂の在米では需要が満たせず、秀吉は加賀の前田公に命じて、およそ一〇万石のコメを大坂に送らせた。

② 前田公は、それを淀屋に命じた。これを輸送して「異状の才幹と勢力」を認められたのは、淀屋个庵（言當）である。个庵はまだ一五、六歳の少年だった。

③ その頃から手腕を高く評価されていた个庵は、寛永年間にも加賀藩米一万石の大坂廻送と売捌《うりさばき》方を依頼されており、それが北国廻船の起源になったという。

としている。

二　兵庫津・北風家の繁栄と没落―尊王思想家ゆえの末路

(一) 兵庫津と北風家

兵庫津の歴史

「兵庫津」は、今の神戸港のやや西側に当たる港(湊)だ。自然の防波堤のように和田岬が西側に張り出す兵庫津は、平清盛の時代から、京都への物資の供給地、日明貿易の拠点として繁栄した。

一方、幕末に開港場となるまでの神戸港(今の神戸史中央区)は、摂津国の一寒村に過ぎず、江戸時代を通じて近辺で最も賑わったのは、むしろ、西寄りにある兵庫津の方だった。文政九年(一八二六)、兵庫津入りしたシーボルトは、

「一六の町、一万六〇〇〇人が住み、活気があって、世界中でこれほど多くの船の出入りするところはない」

といっている。兵庫津から大坂までは目と鼻の先なのだが、安治川や木津川の河口は水深が浅く、兵庫津で満潮を待つか、または荷を「渡海船」と呼ばれた小舟に積み替えることが多かった。

そうした地理・地形的な有利さもあったが、灘《なだ》の酒を江戸に積み出す西宮などに負けない港

として兵庫津を発展させたのは、加賀のコメを運んだ「北風家」だった。

特に江戸中期の北風荘右衛門《しょうえもん》は、兵庫津に問屋株（商品を独占的に扱う商人組合）を認めさせ、「兵庫の北風か、北風の兵庫か」と言われたという。若き日の高田屋嘉兵衛を援助したのも、北風荘右衛門だった。

注・高田屋嘉兵衛

淡路島出身で、寛政四年（一七九二）二四歳のとき、兵庫津に来た。初め船乗りだったが、のちに自ら船を建造し、船主となる。これには北風家の援助があったといわれ、四年後に当時 国内最大級の千五百石積の船「辰悦丸《しんえつまる》」を建造した。北前船貿易で巨富を稼ぎ、のちに幕府御用船頭として活躍し、国後島、択捉島まで手を広げた。嘉兵衛は西出町に本店を構え、箱館の町を発展させた。文化八年（一八一一）のゴローニン事件に際しては、日露間の紛争を身を投げ打って解決したことで有名。


幕末・開国時には、神戸港の方が外国船の停泊地に指定されたのをきっかけに、兵庫津は神戸港にその地位を奪われていく。

また、兵庫津の方は、のちに新川運河や兵庫運河が開削され、川崎造船所や三菱造船所といった重工業の工場が建設され、産業拠点になっている。

なお、王政復古の二日前（明治元年一月一日）の神戸開港後、旧湊川以西は「兵庫港」、以東は「神戸港」と呼ばれたが、明治二五年（一八九二）、勅令により、一括して「神戸港」とすることが決まっている。

北風家とは？

北風《きたかぜ》家は、兵庫県兵庫津（現神戸市）の旧家で、今の神戸市の鍛冶屋町に自宅があった。伝説では、古代から続く歴史を持ち、北国船が入港していた時代には特に繁盛し、日本の海運業界で大きな地位を占めていた。

北風家は、北浜惣会所の歴代名主にも何度も選ばれているが、明治二八年（一八九五）、北風正造《しょうぞう》（貞忠）の死去によって、歴史の幕を閉じた。

〈北風称姓以前〉

第八代孝元天皇の曾孫・彦也須命《ひこやすのみこと》を初代家祖とする。第一〇代崇神天皇が、桑間宮《くわまのみや》で治世のとき、彦也須命は四道将軍の一人として都を離れている父の代わりに、天皇に近侍し、浪速の浦の魚網所を監督した。

古くは家内重大決定時、神意を問うために、遠方にある初代の古墳まで当主が出掛けていたという。六代彦連（七代彦麻呂あるいは彦丸）が、神功皇后に従い、新鮮な魚介類を献上するとともに、新羅《しらぎ》に出兵の功があり、兵庫の浦一帯の管理を任されている。家宝として、皇后の鎧《よろい》が伝わる。その後、平家による福原京遷都計画の影響で、浜方に移るまで代々、会下山《えげやま》に居を構えた。

なお、神功皇后が新羅から帰還の折、阿倍野の近くで吉志舞を舞った安倍氏は、大変近しい一族に当たるようだ。

第二二代彦主の頃、当時、まだ新興だった藤原氏と婚姻関係を持ち、「白藤《しらふじ》」姓を名乗る。その後、第四四代白藤惟村が、一門（当時支流だけで二一家）を引き連れて南朝・後醍醐天皇方に加勢した。

家伝によれば、延元元年（建武三年＝一三三六）、北風の強い日、わざわざ敵前を兵庫から東の敏馬《みぬめ》まで船で漕ぎ渡り、敏馬神社に参拝の後、取って返して兵庫の浦で足利尊氏《あしかがたかうじ》の軍船の大半を焼いた。尊氏の姿が見えるほど肉薄したが、もう少しのところで、その船を取り逃がしたという。

〈北風（喜多風）家の成立〉

九州に逃げた足利尊氏の追討将軍・新田義貞《にったよしさだ》から、軍忠状とその佩刀《はいとう》を賜り、「喜多風」（のちに「北風」に改める）の姓、名前の「貞」の字を賜り、「喜多風貞村」となり左衛門佐（従五位上相当）に任官した。

注・このことから、北風家の人の名には、「貞」の付く者が多い。

しかし、九州から反撃してきた足利尊氏軍により、湊川《みなとがわ》の戦いが起きた。楠木正成《くすのきまさしげ》は戦死し、喜多風家一門も新田義貞とともに敗走した。貞村は猪名川上流の地に隠遁《いんとん》し、たびたび兵庫に潜入《せんにゅう》して再起を期したが、結局、病死した。

貞村の遺児は、父の志を継いで尊氏をつけ狙うが、貞村の妻・藤の尼（本名不明）は、一門を一時、出家させるなど、尊氏に認められた新領主・赤松氏との仲裁に奔走する。こうして、彼女は喜多風家の命脈をつないだのだった。

藤の尼が一門を諭《さと》した文書が「尼ぜ文書」で、滅亡するはずだった喜多風家の面々は、「私心を排除して公に奉仕すべし」との家訓を残した。これにより、「公に奉仕する伝統」が、北風家に伝わるのだ。

〈その後の北風家〉

厳しい時代を乗り越え、再び繁栄の時代がやってくる。

第四七代良村のあと、本家は二家に分かれた。宗家は「六右衛門」(第四八代行村から)、嫡家は「荘右衛門」(第四八代惟春から)を代々名乗った。

宗家は「酢《す》」の販売を、嫡家は「海運業」を主として取り扱い、張り合いながら繁栄した。また、今は「生田裔神八社の一社」とされているが、七宮神社は出自が敏馬神社か長田神社といわれ、元々、会下山で北風家が祀《まつ》っていた。菩提寺については、元々、西光寺(藤の寺)だったが、荘右衛門家は能福寺を新たに菩提寺とした。

北風家は、江戸時代、主要七家に分かれ、兵庫十二浜を支配した。また、一族の北風彦太郎は、江戸時代に河村瑞賢に先立ち、寛永一六年(一六三九)に加賀藩の用命で、「北前船の航路—西廻り航路—」を初めて開いた。

尼子氏の武将・山中幸盛の遺児で、鴻池《こうのいけ》家の祖であり清酒の発明者といわれる伊丹の鴻池《こうのいけ》幸元が、慶長五年(一六〇〇)、馬で伊丹酒を江戸まで初めて運んだ事績に続き、初めて船で上方の酒を江戸まで大量に廻送し、「下り酒」ブームの火付け役となったのも、北風彦太郎だった。さらに、これはのちの「樽廻船」の先駆けともなった。

なお、北風六右衛門家の「ちとせ酢《す》」などの高級酢は、江戸で「北風酢」と呼ばれて珍重された。取扱い店では、「北風《きたかぜ》酢《す》颪《おろし》」と看板を出すところもあったという。

俳人・与謝《よさ》蕪村《ぶそん》の主なパトロンが、第六三代北風荘衛門貞幹である。貞幹は、無名時代の高田屋嘉兵衛を後援したことでも知られ、肥料のニシン〆粕を大量に仕入れた。これによって、西日本の農業生産が、急速に増えたという。

（二）北風正造と生家・長谷川家、尊王の思想

生家・長谷川家と尊王思想

幕末に、長谷川家から北風荘右衛門家に婿養子に入った北風正造《しょうぞう》（貞忠）について、触れる。

正造は、尊王の志が篤く、兵庫津の発展にも貢献したが、「尼ぜ文書」を利用して家人を説き伏せ、勤王の志士たちを後援した。

彼は、天保五年（一八三四）二月一一日、山城国紀伊郡竹田村（京都市伏見区竹田内畑町）の郷士・長谷川織部景則・登士子夫妻の次男として生まれた。

長谷川家は代々「織部《おりべ》」と称し、京都周辺の郷士のなかでも旧家であった。有名な歌人・西

行法師（俗名・佐藤義清《のりきよ》）は、その一族である。

正造の実父・長谷川景則は、御陵長だったが、母・登士子は別名・孝子《たかこ》といって、有栖川宮家の老女であった。祐筆《ゆうひつ》をつとめていたともいわれ、和歌や文章に巧みであった。

景則の祖父の妹も、有栖川宮家に仕えた。また、長谷川家の二八代前の先祖は、従五位下・長谷川和泉守秀房といわれ、鳥羽天皇北面の武士で竹田村に住み、天皇亡きあとは皇后・美福門院に仕えていた。

永禄年間に、長谷川太郎左衛門秀政という者が、士官をやめて郷士になったという。

この長谷川家と北風家の間は、「深い縁」で結ばれていた。正造の二代前の貞常は、正造の曾祖父・長谷川織部有則の次男で、北風家に養子入りしており、正造の兄・荘次郎貞寿も正造に先んじて、北風家に養子入りしていた。

こうしたことは、正造の精神面を知るうえでは、重要な要素となる。正造の生家が宮家と縁があったことから、自ずと尊王思想が培《つちか》われたことだろう。

北風家に養子入りする前の正造は、九歳から一五歳のときまで、九条尚忠（左大臣）に仕えた。この尚忠という人物は、安政三年（一八五六）、関白に昇進している。孝明天皇の信頼が厚く、当初は反幕攘夷派だったが、井伊直弼《いいなおすけ》の説得で親幕開港派の筆頭格となった。

九条家を致仕してからの正造は、自宅に帰ると勤王家として自立すべく、河田佐久馬景與《かげとも》（鳥取藩士）に武芸を習い始めた。また、清水寺の僧・月照（忍向上人）のもとへも出入りし、月照の影響も受けた。
一七、八歳の頃、正造は既に「中谷謙助」（一説では長谷《ながたに》）という仮名で、勤王の志士たちに仲間入りをしている。
一方で、正造は単なる勤王家ではなく、その間も、和歌や茶を習っている（藤岳、静屋という号は和歌の時に用い、別に鳴謙堂恵州、養浩閑主人、釣碧山房主人ともいった）。

それゆえに、北風家のことに詳しい喜多善平氏は、

「このことはまた、貞忠（正造）を規制する。要するに彼は、一種の教養人であった。だから、尊王討幕の志士としても、泥にまみれて生命を失うほどの危機にも立ち到ることもなく、実業家としても大成することがなかったのではあるまいか」

といっている。ところが正造の身辺に、思いがけない変化が起った。

北風家第六五代の荘右衛門貞和の養子になっていた実兄・荘次郎貞寿が病没したのだ。荘次郎は長谷川織部の長男だった。北風家の貞和には、四人の子供があったが、男子は種次郎が一人で、その種次郎も、文政五年に生まれてすぐ死亡した。

そのため、先代貞常の生家・長谷川家から荘次郎貞寿を強引にもらい受け、跡継ぎにしたのだ。荘次郎貞寿は、天保二年の生まれだから、弟の正造（貞忠）よりも三歳上である。

「温恭にして思慮あり。衆望早くから、これに帰す」といわれていたが、貞和の娘と結婚するまでに、嘉永四年（一八五一）七月二七日、二一歳で病没してしまった。

そこで貞和は、長谷川家の次男・正造に目をつけたのだった。その頃、正造は勤王運動に没頭しており、北風家へ入ろうという意志はまったくなかった。

しかし、貞和はかつて自分を見出し、実子を廃嫡してまで自分を第六五代北風家当主としてくれた貞常に報いる一心から、懸命に正造を説得した。また、貞和も六八歳で、後継者を決めたい、という焦《あせ》りもあったようだ。

正造も、貞和のたび重なる説得に、養子となることを承諾したといわれる。

ただし、僧月照の説得に動かされたのではないか、と見る向きもある。正造の実父・長谷川景則も月照と親交があり、月照のために京都の名士たちを勧誘して「清水講」を作り、その講元として財を集め、月照の後援をしている。

「財力をもってしても、御奉公はできる。いや、今必要なのは、勤王の志士たちを動かす軍資金だが、それが不足する」

という月照の言葉が、正造を喜ばせたらしい。このことは、正造が北風家に入籍した後、「尼ぜ文書」のあることを知り、「北風家の精神と、自分の所信が合致」しているのを喜び、勤王運動に没頭したことでも察せられる。

「尼ぜ文書」というのは、北風家が蓄財するのは国のため、勤王のために役立てるものである、ということを記した伝来の文書だったからだ。

正造は当初、尚之輔憲成といったが、北風家入籍後は、荘一郎貞知といい、相続して荘右衛門貞忠と名乗った。そして、安政二年（一八五五）一月に貞和が隠居し、正造が家督を継いで家長となった。貞和の引退に伴い、総支配人・喜多屋善平ら店の者の人事にも、大異動があったという。

北風家では、家業の実務は当主が行なわず、番頭が取り仕切っていたので、これは大きな変化だった。

新総支配人・喜多屋為助は、至誠一貫の人で、正造が勤王運動に没頭するのを見て禍《わざわい》が北風家に及ぶのを恐れ、苦諫《くかん》した。

すると、正造はおもむろに「尼ぜ文書」を誦《しょう》し、「われは祖先の志を成すのである」と答えた。為助は平伏して泣き、「再びお諫《いさ》めすることはありません」といった。以来、私事を忘れて主家のために尽し、正造の後顧の憂《うれ》いをなからしめたという。

勤王家・北風正造の活躍

北風正造の最初の妻は、貞和の三女・茂枝だったが、安政四年（一八五七）に死亡。間に二人の子供がいたが、二人とも夭折《ようせつ》している。

正造の勤王の志は、不純なところがなく、いささかの名利《みょうり》も伴わなかった。子供の頃から朝廷の衰微《すいび》を見て来たので、幕府に対し憎悪《ぞうお》の感情に彩《いろど》られていた。

最初は、彼の攘夷討幕論に感情論が含まれていた。しかし、元治元年（一八六四）頃には悟《さと》るところがあり、「倒幕」が根本にあって、「開国攘夷」はその時々に応じ、いずれをとろうと構わない、と考えるようになった。

正造は、自己を忘れて、身分・資財の一切を勤王のために捧げようとし、祖先の意思もここにあると考えた。このため、のちに国事に家運を傾けることになる。

慶応四年（二月頃か）、正造が「参与御役所」宛てに認めた書簡が残っているが、これは有栖川宮熾仁《たるひと》親王に宛てたものらしく、内容は金三千両を献納するものだ。

この頃、有栖川宮は東征大総督に任命されて京都を出発しているが、親征軍にお金のないことは知っている。有栖川家の関係は深いので、正造の方から申し出たものだろう。

ちなみに、正造はいざというときも考え、書簡のようなものは読了後、極力、燃やすようにしていた。また、勤王の志は厚かったが、これを当然のこととして、自分ではそれほどのことと思わなかったようで、終生、自己の行動などを明らかにしなかったという。

皇室に対しては畏敬《いけい》の念を持っており、家庭で団らんしている時でも、たまたま皇室のことに話が及ぶと、粛然《しゅくぜん》として座を正したほどだった。

正造が勤王運動の根拠地としていたのは、実父・景則の住む京都・竹田村であろうと思われる。安政五年（一八五八）以降は、兵庫の小部《おぶ》村（現在の神戸市北区山田町小部）の別荘二軒を、

「喜多屋みつ」という女性に管理させ、ここも同志との密会場所に当てている（この別荘は、現在も残っている）。

みつは、北風家総支配人・喜多屋善平の孫で、次代の総支配人・喜多屋為助に養われ、正造腹心の侍女であった。

彼女は明治五年までこの別荘に住んで、勤王志士の世話をし、以後、主家の女中頭となった。正造の死後は、その未亡人武津《むつ》に仕え、明治四一年（一九〇八）六五歳で死亡している。

正造は、この小部村の別荘に愛馬を馳《は》せ、しばしば同志と会見した。村の庄屋も正造の志を理解し、万事都合よく計らってくれたので、村民からは少しも怪しまれなかった。

正造がだれと交際したかは、明らかではないが、彼と勤王運動家を繋いだパイプ役は、河田景與《かげとも》（佐久間。景与。鳥取藩留守居役＝伏見藩邸）、西川耕蔵（近江生まれ。梅田雲浜に師事、安政の大獄では雲浜の妻子を密かに救護。大和の義挙に同志と軍資金を送る。池田屋騒動で捕らえられ、慶応元年に獄中で殺された）、中路権右衛門延年《のぶとし》（京都の勤王家。春日潜庵門下。安政の大獄の逮捕を逃れて高野山に隠れ、薩藩勤王の志士と交わり国事に奔走）、松田正人（道之。鳥取藩士）、僧月照（西郷隆盛との親交で有名）らであった。

正造自身は表面に出ていないが、彼らの勤王運動の資金源は、正造であった。

このうちの河田は、藩主側近・黒部権之助らが佐幕に傾き、内外の物議を醸《かも》すに至ると、文久三年（一八六三）八月一七日夜、同志二六人とともに黒部ら藩重役四人を、松原通りの本圀《ほんこく》寺《じ》で襲撃して殺した（「本圀寺事件」）。続いて起きた八月一八日の政変の後は、諸藩士と謀《はか》り長州藩士のために周旋をしている。

藩の重役らを殺害した罪については、特に許された。元治元年（一八六四）七月の蛤《はまぐり》御門《ごもん》の変では大いに活躍している。

正造は、本国寺事件のほかにも、蛤御門の変、安政の大獄、天誅組《てんちゅうぐみ》事件、池田屋騒動などの大事件に、間接的に関係していたと推測されるのだ。

北風正造の危機を救った妻・武津《むつ》

文久三年（一八六三）八月一八日、京都で政変が起き、会津・薩摩両藩が共謀して長州藩の追い落としをはかった。長州藩の代弁者と見なされていた三条実美ら七卿は、長州藩家老らに護衛されて兵庫津に脱出した。

北風正造は、彼らが兵庫津に滞在していると不測の事態が起きかねない、と懸念し、南浜名主・安田惣兵衛と連れだって鷹見右近右衛門保彰に相談した。

鷹見家は兵庫の名士で、惣兵衛の生家でもある。また、鷹見家は福岡藩の本陣で、長州藩ほか四藩の本陣をも兼ねていた。

鷹見保彰は、後に、正造の妻となった武津(正造は三人の妻に死に別れたので、四番目の妻である)の実父であり、篤誠《とくせい》にして胆力《たんりょく》侠気《きょうき》ありといわれた。

保彰は七卿を自分の邸に隠し、長州藩兵は正造らに案内され、神戸舟入り場から乗船。すきを見て、七卿を船で長州に送り出すことができた。その後、蛤御門の変で負傷した長州藩の志士を自宅納屋に匿い、さらに正造の小部村別荘で、お抱えの医師の治療を受けさせた。

保彰は再三こうした役割を果たしたので、ついに幕府の役人ににらまれた。

慶応元年九月、大坂の番所で厳重な糾問《きゅうもん》を受けたが、正造や惣兵衛に類を及ぼすことを恐れて、知らぬ存ぜぬの一点張りを通した。拷問《ごうもん》にかけられたりもしたが、頑張り続け、ついに白《しら》洲《す》で死亡している。

正造は、この保彰の娘・武津（嘉永三年生まれ。のちに八一歳まで生きている）と慶応二年に結婚した。武津は武家慣れしていて物おじしない性格だったので、正造は勤王の志のことを打ち明けた。また彼女を連れて町見物をするような格好で同志間の連絡などで出歩いた。

そうした中、夜間に幕府の役人から誰何《すいか》されたことがあったが、彼女の沈着さ、機転で助けられたことがあった。以来、正造は京都へ潜入するときは、常に武津を伴っている。

また、武津が正造の実家・竹田村の長谷川家にいたとき、伊藤俊輔（博文）がこっそりやってきたときも、怪しまれたのを自分が出て行って匿《かくま》い、追っ手から守ったこともあった。

後年、安田惣兵衛は、息子の荘右衛門に、

「武津刀自《とじ》の度胸《どきょう》は、父君鷹見保彰の資質を受け伝えたものだ」

と語ったという。

なお、正造は三人もの妻に死に別れ、子供も四人亡くしている。最初の妻・茂枝は先代貞和の三女で、女子を二人生んだがいずれも早逝している。二番目の妻・宇多は、長谷川右門貞則（貞常の長男・北風藤三郎貞則のこと。武術を好み、商売を嫌ったため、廃嫡された）の娘で、安政六年に次代荘右衛門貞雄（彦一）を生んでのち、没した。三番目の妻・満知《まち》は、貞幹の玄孫に当たる。

（三）北風正造の経歴の詳細

正造貞忠の北風家は、明治二〇年代に没落し、北逆瀬川町の能福寺境内に「正造貞忠の碑」だけが残っているといわれる。

正造が北風家の当主となって、初めて着手した仕事は、箱館生産物の取り捌《さばき》きだった。幕府は文化九年に廃止した箱館産物会所を、安政五年（一八五八）再び大坂におき、兵庫の北浜川崎町に、その出張所を設けた。北風家は、五月に命じられてその用達となり、箱館生産物の捌方《さばきかた》の取締となった。

しかし、実際には番頭の與助が取り仕切っており、この間も正造は勤王運動に従事していたようだ。

注・北前船が兵庫湊に着くと、乗組員は「北風様のところに呼ばれに行こう」が合言葉で、北風家では一汁二菜が無料で振る舞われたともいう。

以下に、北風正造の経歴を時系列的に記しておく。

〔北風正造〕（第六六代荘右衛門貞忠。天保五年二月一一日〜明治二八年一二月五日。一八三四年三月二〇日〜九五年一二月五日）

天保五年（一八三四）　二月一一日、山城国紀伊郡竹田村（京都市伏見区竹田内畑町）の郷士・長谷川織部景則と登士子夫妻の次男として生まれる

長谷川家は代々「織部」と称し、京都周辺の郷士のなかでも、旧家であった。景則はのちに鳥羽天皇の山陵長になり、母・三宅登士子は、有栖川宮家の老女・祐筆をつとめた

初名は尚之輔憲成。第六四代北風荘右衛門貞常は大叔父

天保一三年〜嘉永元年（一八四二〜四八）、関白・九条尚忠・道隆父子に近侍

嘉永二年（一八四九）　鳥取藩士・河田景與（佐久馬）に武芸を習う。正造は、この頃から中谷謙助の偽名を用い、勤王の志士として活動する

三年（一八五〇）　先に、北風嫡家第六五代当主・荘右衛門貞和の養子に入っていた実兄・北風荘次郎貞寿が病没

嘉永四年（一八五一）　勤王の僧・月照から、勤王活動を資金面から支えてほしい、と勧め

られ、不本意ながら兄の後継として婿養子になり、北風荘一郎貞知（のちに第六六代荘右衛門正造貞忠）と名乗る

安政六年（一八五九）　長谷川右門貞則（第六四代荘右衛門貞常の嫡男・北風荘三郎）の娘・宇多との間に、長男・彦一（のちの貞雄）が誕生

文久三年（一八六三）　兵庫来訪中の一橋慶喜から直々に鷲(竜?)頭巻金側時計を賜る。(紀州藩の借金申し出を「北風は廻船業で、金貸屋ではない」と断ったことで、正造をなだめに来たという)

慶応四年（一八六八）　東征大総督・有《あり》栖《す》川《がわ》熾仁《たるひと》親王に、駿馬と三〇〇〇両を寄付。この馬は「トコトンヤレ節」で歌われる宮さんが乗っている馬だったらしい（正造の愛馬）。

一触触発状態の姫路藩と官軍とを仲介（一五万両と引き換えで、姫路城を守る）。神戸事件。自衛・治安維持の必要から、約一五〇人からなる「兵庫隊」を結成し、英国式操練を行なう。湊川神社創立を建議。学事振興のため、明親館を設立。商法司判事（兵庫在勤）。

兵庫県会計官として出仕

明治二年（一八六九）　通商司、為替会社頭取。一〇月、兵庫県権大属

三年（一八七〇）　廻漕会社頭取

五年（一八七二）兵庫米会社頭取
六年（一八七三）教部省検訓導。藩閥政治に反発。伊藤博文の忠告を聞かず官職を辞任
七年（一八七四）兵庫新川開鑿事業担任
一〇年（一八七七）米商会所設立、元締。第七三国立銀行創立、初代頭取
一三年（一八八〇）交詢社発足、社員
一五年（一八八二）神戸船橋会社・輸出製茶改良会社を設立
一四年（一八八三）維新の功により正七位（死後、従五位）に叙任
一七年（一八八四）脳症で病臥。湊川付替え（神戸港の良港化）を建議
一八年（一八八五）東山避病院用地三畝歩を兵庫県に寄付。一二月、第一回目の倒産。伊藤博文、旧姫路藩主・酒井家より援助、持ち直す
二二年（一八八九）日本汽船会社を設立（三年後、瓦解）
二六年（一八九三）一二月北風商店倒産。収拾不能に陥る
二七年（一八九四）神戸病院へ入院。入院中に家・倉庫・家財一切が、債権者により差押さえとなる
二八年（一八九五）一二月五日、東京で客死。享年六二。兵庫・能福寺に葬られる

北風正造は、表向き幕府の御用達をつとめながら、百年除金・別途除金（寛政八年＝一七九六＝以降、代々の主人が個人の剰余金を居間と土蔵の二つの地下秘密蔵に貯め、六〇万両以上あったという）の資金と情報を提供、倒幕を推進したといわれる。

また、今は世界遺産になっている姫路城を、戊辰の役の戦火から救ったという。鳥羽伏見の戦いののち、藩主・酒井忠惇《ただとし》が老中だった姫路城に征討軍（官軍）が迫ってきたとき、正造が一五万両の軍資金を出して、同城の無血開城に成功したといわれる。

明治期に入ってからの正造は、友人でもある初代兵庫県知事・伊藤博文のもと、国事や兵庫および神戸の発展に貢献した。

しかし、新政府が藩閥組織の様相を呈して来ると、理想とのギャップから、官を辞している。この頃、正造があまりにも公徳心が強かったので、伊藤博文は「きれいごとだけでは生きていけん」と忠告したともいう。

その後、ジョセフ・ヒコ（浜田彦蔵）らを使って、茶の輸出事業を興すなど、家業・商売に専念する。第七十三国立銀行、神戸製茶改良会社、神戸船橋会社の創立など、「新開地」の発展にも貢献、神戸駅用地（約二四万平方メートル）を無償で提供したことでも知られる。

（四）北風家の没落の裏事情

北風正造は、安政二年に家督を継いで以降、蝦夷地との北前船による交易を通して北海産物や西南地区との米穀取引に従事する。

安政五年、箱館産物会所の用達兼生産捌方取締に、明治元年（一八六八）の兵庫開港に際しては、兵庫商社肝煎《きもいり》に任ぜられ、御用金を献上した。

一方では僧月照、西川耕蔵、西郷隆盛など、多くの勤皇の志士と交わり、ひそかに資金を与えて援助した。

明治維新後は、積極的に新政府に協力し、また私財を投じて民兵の「兵庫隊」をつくったりして治安維持をはかり、庶民教育のため明親館設立にも尽力した。また、明治二年（一八六九）、会計官商法司判事となるや、正造と改名。県出納掛、通商為替会社頭取などを歴任した。

明治六年（一八七三）、公職を辞してからも、兵庫新川開削事業や米商会社、七十三国立銀行、商法会議所などの創立に尽力した。しかし、家業は衰退して、明治一八年（一八八五）に破産し、同二八年（一八九五）一二月五日、正造が失意のうちに東京で客死すると、北風家は絶家した。

注・参考文献…安田荘右衛門『北風遺事・残燈照古抄』、村田誠治『神戸開港三十年史』、『再版神戸市史』別録）

大番頭の別家・喜多文七郎の死後、使用人の不祥事、物品思惑購入の失敗が相次いでいる。

また、正造の死を惜しんだ伊藤博文は、その後すぐ自らの筆を振るい、正造の菩提寺・能福寺の北風正造君（顕彰）碑の文字を書いている。

こうして、北風荘右衛門家は没落し、六右衛門家も寛政年間に血脈が絶え、荘右衛門家が引き継ぎ家財・遺品などの管理をしていたことから、両家の没落は、ほぼ時期を同じくしたことになるのだ
明治維新関係の文書は、正造本人が焼却したと伝えられ、西郷隆盛・伊藤博文らとは、維新前から交流があった。また、神戸事件で事態解決のために派遣されてきた東久世通禧《みちとみ》とは、「七卿落ち」のとき手助けした関係で、旧知の間柄だった。その他多くの勤王の志士と面識があったといわれる。

今、神戸市内で北風家の存在を直接的に示すものは、兵庫大仏で知られる北逆瀬川町《きたさかせがわちょう》の能福寺にある、正造の顕彰碑以外には、見当たらない。明治二〇年代に家運が傾いて以降、北風家は、それこそ風のように神戸から姿を消してしまったのだった。

屋敷跡のありかもはっきりせず、司馬遼太郎は『菜の花の沖』の中で、「七宮《しちのみや》という宮の前」と、あいまいに書いている。

注・七宮神社は、航海安全の神様として信仰を集めた。高田屋嘉兵衛が「辰悦丸《しんえつまる》」など、三艘の模型を奉納した記録もある。だが、模型は戦災で焼失した。

ちなみに高田屋本店は、西出町―七宮神社から幹線市道を渡った旧入江小学校跡地付近にあった。校

門脇にあった「高田屋嘉兵衛顕彰碑」は、昭和二八年に地元有志が建てたものであるが、現在は、近くの竹尾稲荷神社に移設されている。

主な北風一族と別家

六右衛門家・荘右衛門家・彦六家・三郎右衛門家・七郎右衛門家・七兵衛家・彦太郎（彦太夫）家。

彦六家から七兵衛家までは、六右衛門家の支流。彦太郎家の出自は不詳だが、菩提寺が能福寺であることから、元々は荘右衛門家の支流と考えられる。

他に、六右衛門家の支流で、薬種取扱いから医家になった愿之進（玄進）家、荘右衛門家支流の丈助家、彦太郎家の末流と考えられる又太郎家などがある。

また、中村四郎三郎家や堺の天王寺屋など、姓を変えて存続した家もあった。子孫は概ね、先ず廻船取次ぎを生業《なりわい》とし、本家の情報網としても活動したので、主要な港町に散在していたといわれている。

なお、他に「別家」と呼ばれる家がある。これは商売上の主家に対する擬制的分家であり、子飼いの手代・番頭などが称することを許されていた。主に、「喜多」姓、あるいは「喜多屋」の屋号を称した。

三　大坂・淀屋の繁栄と没落―天国から地獄、そして再興へ

（一）大坂と淀屋

淀屋とは？

「淀屋」は、水都・大坂（大阪）を代表する橋「淀屋橋」にその名をとどめており、商都・大坂の基礎を築いた豪商といえよう。

その本家は、豊臣秀吉の天下統一の時期に大坂に入り、江戸幕府の初期にかけて膨大な身代を築き上げた豪商である。しかし、わずか五代―一〇〇年を経て、財産はすべて幕府に没収され、潰えてしまったのだ。

なんとも奇異に感じるのは、取り潰された原因、理由である。いかに「士農工商」の身分制度が厳しかった時代であっても、淀屋の場合のように、「理不尽」とも思える理由で商家が幕府に取り潰されたケースは、筆者も耳にしたことがない。その意味で、非常に稀《まれ》なケースだろうと思うのだ。

本稿ではその経緯をたどりながら、淀屋の盛衰、とりわけその没落に関する謎《なぞ》に迫ってみたい。

〈淀屋の家系〉

淀屋の家系譜原本略記によると、姓は藤原、発祥地は山城国《やましろのくに》（京都府南部）の岡本荘である。淀屋と岩清水八幡宮（京都府八幡市）の淀とは、少なくとも、中世から江戸期にかけて密着した関係にあると推定されてきたが、実は、現在の大阪府枚方市岡・三ツ矢だと発表されている。淀川右岸のそこに、岡本郷の古称が発見・確認されているからだ。

わずかな資料から辿ると、最も古い淀屋の遠祖は、嘉元元年（一三〇三）、兄と共に淀の魚市に現れた「淀屋新二郎」という人物だ。

淀の魚市場の開設は、文治四年（一一八八）と全国的に最も早い時期で、それから百十余年後のことだ。その頃は、まだ大阪湾が深く南山城・鳥羽まで入り込んでいて、宇治川、木津川、桂川などが淀川に合流する地点で、淀は「与等津」ともいわれて、陸の官路ともあわせ、申し分のない立地条件を備えた水郷であった。

また、淀には早くから、朝廷や荘園領主の出先機関ともいうべき役所や物資保管倉庫がひしめいていた。これらは、ちょうど江戸時代の蔵屋敷と同じ機能を果たしていた。

淀屋は、全国の米相場の基準となる米市を設立し、大坂が「天下の台所」と呼ばれる商都に発展することに大きく貢献した。コメ以外にも、様々な事業を手掛け、莫大な財産を築く。

注・現在も残る淀屋の足跡

①　大阪・御堂筋の淀屋橋河畔に、「淀屋の屋敷跡」と刻まれた三尺ばかりの標石が立っている。土佐堀川を臨む高層ビルが肩を競い合う一角にある。

② 淀屋の屋敷のあった所の広さだが、東端は淀屋橋南詰に立つみずほ銀行大阪中央支店の入るビル、西端は御堂筋を通り、土佐堀通り沿いに住友ビルまで、約二五〇メートル。南北も五〇メートルはあり、ショッピングモールがすっぽり入りそうな広さだという。

③ 江戸初期の元禄から正徳年間の記録『元正間記』は、淀屋四代目・三郎右衛門（古安）の豪華な暮らしぶりを記している。「夏座敷」と称して、天井にビードロ（ガラス）を張り、そこへ清水をたたえ、金魚を泳がせた。」あるいは、「大名へ金を貸すことが面白く、千両の無心なのに、一五〇〇両も用立てた。」など。

しかし、のちのことだが、その財力が武家社会にも影響するようになったことから、幕府により闕所《けっしょ》（財産没収）・所払いにされた（詳細は後述）。

淀屋はこれで途絶えた、と長らく信じられてきたが、闕所を見越して伯耆国《ほうきのくに》久米郡倉吉（鳥取県倉吉市）で「牧田淀屋」を興して、暖簾《のれん》が守られていたことが分かった。

すなわち、この処分に先立ち、倉吉の地に暖簾分《のれんわ》けした店を開き、しかも、淀屋本家の闕所から五八年後には、再び元の大坂で再興していたのだ。

淀屋を創業した岡本家によるものを「前期淀屋」、闕所後に牧田家により再興されたものを「後期淀屋」と呼んでいる。

淀屋が開拓した中之島には、かつて常安町と常安裏町（現在の中之島四丁目〜六丁目）があった。また、現在も中之島に架かる「淀屋橋」や「常安橋」に、その名を残している。

〈淀屋の事業経営〉

淀屋の事業は、米市を主とした多角経営だった。

初代の岡本三郎右衛門常安《じょうあん》（与三郎）は、城州（山城国＝京都府南部）岡本荘の荘官の子であった。信長の一向一揆掃討に巻き込まれ、鳥羽、大和の吉野山山中に逃れたが、二〇年後、長子・言當を引き連れて豊臣秀吉に接近、都市草創時代に治水土木請負業、材木業、廻漕業などで手腕を認められた。

特に、秀吉の伏見城造営や、大坂城（または聚楽第《じゅらくだい》）建塀の請負い、淀川堤防改修などで、高い土木技術を発揮した。

数々の実績を作り、徳川幕府創業時には、いち早く天下の米権を抑え込んでしまった賢さは、並大抵のものではないと思われる。

注・百年後、闕所《けっしょ》によって没収された全財産中、太閤秀吉から拝領した宝物が多かったのは、このとき激賞した秀吉の形見だったのだろう。

「慶長」と改元された秋、大坂の十三人町（のちの大川町、現在の大阪市中央区北浜四丁目）に居を移し、「淀屋」と称して材木商を営んだ。当時は、このあたりはかなりでこぼこの多い低湿地だったようだ。

慶長八年（一六〇三）、常安は材木商を営むかたわら、町方支配者の元締衆として、大坂の町政に携わるようになる。また、大坂の陣では、徳川家康・秀忠父子に本陣を献上した。

慶長一四年（一六〇九）から同一九年（一六一四）にかけては、淀川から流出した土砂が堆積してできた「中之島」の開拓を行ない、江戸時代から現代まで続く経済の拠点を造った。当時の中之島は芦《あし》の生い繁る砂州だったが、淀屋は約六、〇〇〇坪の開拓を申し出たという。

ちなみに、寛永年間（一六二四〜四三）には、淀川に連なる多くの運河が町人により開削されて、碁盤目のように整然とした運河と、俗にいう大坂の「八百八橋」が、各筋、各通りにかかって完成する。

のちに大坂は天領になり、元締め役だった常安は、惣年寄として、年寄上に選ばれた長子・言當《げんとう》とともに、治政と町づくりに携わったが、元和八年（一六二二）七月二九日に逝去した。

二代目の淀屋言當（三郎右衛門、辰五郎、个庵《こあん》。以降、五代目までの襲通名）は、途絶えていた「青物市」を元和元年（一六一六）に京橋一丁目の淀屋屋敷で再開した。

寛永元年（一六四二）には「海部堀川《かいふほりかわ》」を開削し、海部堀川の屈折点に造った船着場「永代浜」（現在の靭本町二丁目）に魚の干物を扱う「雑喉場《ざこば》市」を設立した。また、米価の安定のため、「米市」を設立し、大坂三大市場と呼ばれた「青物市」・「雑喉場市」・「米市」を一手に握った。

さらに、輸入生糸を扱うための糸割符（幕府から独占的に輸入権などを与えられた商人集団）に、大坂商人も加入できるよう長崎奉行とかけあった。寛永九年（一六三二）には糸割符の加入が認められ、海外貿易を始めている。

（二）加賀藩産米の輸送

加賀藩産米の大坂移送に携わる

寛永一五年(一六三八)からは、加賀藩主・前田利常の意向で、加賀米の取り扱いが本格化した。その大坂への輸送に際して、淀屋は日本海から関門海峡と瀬戸内海を経由して大坂に至る「西廻り航路」を、兵庫津の北風彦太郎とともに担い、北前船の先駆けとなった。

注・ただし、先にも触れたように、この辺の事情について、新山通江氏の『淀屋考千夜一夜』(たま出版)によると、それ以前の豊臣秀吉の時代に、加賀前田藩は淀屋に命じて、約一〇万石のコメを大坂へ送らせたことがあるとされている。

① 天正後半の頃、大坂城を築いた秀吉が天下に君臨して大坂の人口が急増。大坂の在米では需要が満たせず、秀吉は加賀の前田公に命じて、およそ一〇万石のコメを大坂に送らせた。

② 前田公は、それを淀屋に命じた。これを輸送して「異状の才幹と勢力」を認められたのは、淀屋个庵(言當)である。

③ 言當はその頃、まだ一五、六歳だったが、その頃から既に手腕を高く評価され、寛永年間も同藩米一万石の大坂廻漕と売捌方《うりさばきかた》を依頼されており、それが北国廻船の起源になったという。

なお、言當は鳥羽屋彦七とともに、津村の田畑葭島《よしじま》を開発したり、三町を造成して雑喉場《ざこば》を開き、海部堀川を開いて永代浜も造った。

（三）大坂・中之島に「米市」を設立

江戸時代は、コメは経済の中心的な存在だった。年貢として納められたコメは、各藩の蔵屋敷に蓄えられ、米問屋を介して現金化された。また、コメは諸藩の財政の根幹をなし、米価の安定は経済の安定上の重要事項だった。

しかし、その価格は仲買人によって無秩序に決められ、コメの質や量などを正しく反映したものではなかった。

そこで、淀屋は米の質・量・価格の混乱を収めるため、全国の米相場の基準となる「米市」の設立を幕府に願い出て、認められた。自身が拓いた中之島に「米市」を開き、また中之島に渡るため自費で「淀屋橋」を土佐堀川へ架けたのだった。

米市に集まるコメを貯蔵するため、諸藩や米商人の蔵屋敷が、中之島に一三五棟も立ち並んだ。一六二〇（元和六〜）年代、全国のコメの収穫は約二、七〇〇万石あり、自家消費や年貢で消費される分を除く約五〇〇万石が市場で取り引きされていたのだが、その四割、約二〇〇万石は、大坂で取り引きされていたといわれている。

コメの取り引きは、場所をとるコメを直接には扱わず、売買が成立した証拠として手形を受け渡し、手形を受け取った者は手形と交換する、ということが行われていた。それが次第に「現物取り引き」ではなく、「手形の売買」に発展することになった。

この淀屋の米市で行われた「帳合米取引《ちょうあいこめとりひき》」は、世界の先物取引の起源とされている。

注・一枚一〇石の「米切手」といわれるものを発行。総代金の三分の一を敷金（保証金）として支払い、米切手を受け取り、三〇日以内に残金と引き換えに蔵から米を引き出す、という「正米取引き《しょうまいとりひき》」。しかし三〇日の間に相場が上がれば、手形を他人に譲渡し、差金を得ることもあったという。

淀屋の米市は、二代目言當、三代目箇斎、四代目重當の時代に、莫大な富を淀屋にもたらした。ちなみに、井原西鶴《いはらさいかく》の「日本永代蔵」は、貞享五年（一六八八）一月に刊行された浮世草子《うきよぞうし》（江戸時代に生まれた前期近世文学の主要な文芸形式のひとつ）で、町人物の代表作だ。言當の頃とは違うが、この中で淀屋の繁栄ぶりを記している。

言當は「淀屋の米市」に集う人びとのために、長さ二四間の橋を架けている。これが、のちに「淀屋橋」と呼ばれるようになった。

なお、常安が開いた中之島には、諸藩の蔵屋敷が建造されて、明暦の頃（一六五五〜五八）には二五、元禄の頃（一六八八〜一七〇三）ともなると、九五も連なった。このようにして、淀屋は近世大坂商業市場の家元的な存在になった。

その後、米市は元禄一〇年（一六九七）に、対岸に開拓された堂島新地（現在の堂島浜一丁目）に設立された「堂島米市場」に移された。堂島米市場では、現物米を扱う正米取引のみが行われ、現物米と交換するための米切手を売買することは、禁じられていた。

また、享保初年（一七一六）頃より始められた帳合米《ちょうあいまい》取引が、享保一五年（一七三〇）八月一三日、幕府より公許され、世界初の公設先物取引市場堂島米相場会所となった。

注・しだいに実米を伴わないで米切手が独り歩きするようになり、現在の先物取引のような動きをするようになった。明治九年（一八七六）には、「堂島米穀取引所」となり、昭和一四年（一九三九）に廃止されるまで続いた。

（四）淀屋の闕所《けっしょ》・所払《ところばら》い

淀屋、闕所・所払い処分となる

宝永二年（一七〇五）、五代目・淀屋廣當《こうとう》が二二歳のとき、幕命により「闕所処分《けっしょ》」となった。廣當の通称である、「淀屋辰五郎の闕所処分」として、有名である。

闕所時に没収された財産は、金一二万両、銀一二万五、〇〇〇貫（小判に換算して、約二一四万両）、北浜の家屋一万坪と土地二万坪、その他材木、船舶、多数の美術工芸品などという記録がある。

また、諸大名へ貸付けしていた金額は、銀一億貫（膨大に膨れ上がった利子によるものだが、現在の金額に換算しておよそ一〇〇兆円）にものぼったという。このほかにも、徳川家に同八〇〇億円分あったともいわれる。

注・闕所処分を受けた際の財産目録が各地に伝わる（商家などが筆写したようだ）。金銀製のスズメ一六羽、黄金仏三〇体、一〇〇両以上の価値のある掛け軸二三〇など、豪華な品が並ぶ。自分で買い集めたというより、大名などに金を貸した際に、担保やお礼にもらったのでは、と考えられる。

闕所の公式な理由は、「町人の分限を超え、ぜいたくな生活が目に余る」というものだった。しかし、実は諸大名に対する莫大な金額の貸付けが本当の理由であろう、とされている。

宝永五年（一七〇八）、この淀屋の発展と凋落《ちょうらく》の顛末《てんまつ》が、近松門左衛門によって、浄瑠璃《じょうるり》「淀鯉出世滝徳《よどごいしゅっせのたきのぼり》」に描かれた。また、鳥山石燕の妖怪画集『百器徒然袋』には、この淀屋辰五郎の逸話をもとにした鉦五郎という妖怪が登場する。

淀屋の闕所処分の背景事情――大きくなり過ぎた「コメの淀屋」

徳川幕府が発足してから四〇年間で、百近い大名が取り潰され、元禄期にも二六家が改易にされたりしている。これらの所領は、およそ四〇〇万石にものぼるという。その頃の幕府は、その結果発生した多くの浪人と、上方の町人・特権商人を恐れたようだ。

多くの豪商たちが、些細なことを口実に、財産没収、追放、遠島などの憂き目にあった。また、大名貸しの取り立て不能による没落者は、京都だけでも四六家とも五〇余家ともいわれる。

幕府の豪商取り潰しの意図は、「放漫財政を取り繕《つくろ》うため」とか、「幕府の威信を示し、同時に、大名貸しにあえぐ諸侯の借金を帳消しにしてやることで恩義を売る」ためであった、と分析されている。

しかし、淀屋の場合は、もっと深いところに真の根っ子があるように思われる。すなわち、元禄時代の文化向上と引き換えに、淀屋の勢力が巨大化し過ぎたため、淀屋を潰《つぶ》さなければ幕藩体制にさえ、亀裂《きれつ》が入りかねないと見られた——多分、真相はそういうところにあったのではないだろうか。

端的には、淀屋が西国諸国に応じてきた「大名貸し」が膨張《ぼうちょう》し過ぎており、闕所時には、一億貫目銀＝一六億六、六六〇余両と計上されている。

このため、淀屋の米権を取り上げてしまっても、各藩のコメは、予想収穫分まで「大名貸し」の担保とならざるを得ない状態だった。そのうえ、正米取り引きの御朱印により創業した「淀屋の米市」は、総責任者の重當の苦悩をよそに、現物のない空米相場に拍車がかかり、米手形の売買が猛烈な勢いで独走し出したことが、あげられるだろう。

承応三年（一六五四）、幕府は、初めて米手形に対する取締り法令を出している。重當が二〇歳のときだ。この頃から、すでに米手形の売買がおこなわれていた。

翌年、淀屋はあらためて「正米取引」を許可する旨の御朱印を受けた。もともと、米市は初代・常安の功績に対する恩賞として、公認の独占権により創業したものだから、これは、一種の警告だったのかもしれない、との見方がある。

その頃から、「淀屋の米市」は、幕府のブラックリストに載っていた可能性もある。米手形に対する禁令は、その後も再三、発令されている。

（五）淀屋の遠大な延命策

淀屋重當の延命策

四代目の淀屋重當が、幕府の取り潰しなどの意図を予見したのは、いつ頃だったのか。作家・新山通江は、それは多分、彼が妙心寺に本格的な経蔵や二月堂の梵鐘《ぼんしょう》を寄進した年（寛文八年＝一六六八。三四歳のとき）より五～六年ほど早い時期だっただろう、と推測する。

重當は、財産をできるだけ広く分散させ、営業権を確保しておくなど、隠密裡にことを運んだ。それは、いったんは退き、再興の時機を期して営業を一新する、「遠大な延命策」だった。

ちなみに、初期の豪商たちに代って、新たに全国的な勢力として現れた豪商たち（三井・住友・鴻池ら）は、元禄～享保期にかけて、連合組織を結成した。そして、寛政・天保の改革にもびくともしない経営法を打ち立てた。

「淀屋が歴史を変えた」という結果になったのかも知れない。

京都、大坂をはじめ、南紀、四国にまで及んだ山林・田畑　計二五六町歩や、屋敷　計一七一カ所を持ちながら、早くから他人名義の家屋敷まで買い整えていたため、後年、何もかも没収されてしまったとき、我が子廣當（五代辰五郎）の棲家《すみか》は安泰だった（重當には、五〇歳のときに授かった廣當が残されていた）。

結局、闕所は免れなかったが、重當の延命策は成功したと思われる。なお、「西の淀屋三郎右衛門（コメと海運）、東の河村瑞賢（材木と海運）」といわれた「三郎右衛門」は、重當のことだと思われる。

（六）歴代淀屋当主の略歴など

〈前期淀屋〉

初代　淀屋常安

岡本三郎右衛門常安（じょうあん、つねやす。通称・辰五郎）。永禄三年（一五六〇）？〜元和八年（一六二二）七月二八日（九月三日）。

二代言當の父。長子（養子）喜入善右衛門は、常安町家、斉藤家の家祖。次子（実子）常有五郎左衛門は、大川家の家祖となった。山城国岡本荘（現京都府宇治市）の武家の出身だったが、織田信長に討たれ，商人を目指すようになった。

苗字を、出身地の「岡本」、通称を「三郎右衛門」、名を「与三郎」、のちに「善右衛門」とした。なお、隠居して仏門に入ってからは、「常安」の号を名乗った。また、前期淀屋の歴代当主も、「三郎右衛門」を名乗った。

文禄三年（一五九四）の伏見城造営に活躍、大手門の工事現場周辺に散在する巨石撤去を、他の業者の一〇分の一の価格で引き受け、掘った穴に滑り落として埋める、という、周囲の意表を突く方法で解決した。このことに、豊臣秀吉が目を付けたことが、豪商となる第一歩だった。

文禄五年（慶長元年＝一五九六）には、淀川大改修を請負っているという。また、常安請地として、「中之島」の開拓を手掛け、大阪大学医学部跡地の旧町名である「常安町」、「常安橋」に、名を残している。大坂三郷（北組・南組・天満組）のうち、北組の惣年寄も担った。

大坂の役（一六一四〜一五年）では、徳川方を支持した。大坂冬の陣のとき、茶臼山と岡山の陣屋を徳川家康と徳川秀忠に提供、徳川方の兵に食糧も提供したりした。

その功を家康に認められ、褒美《ほうび》として山城国八幡の山林田地三〇〇石の土地を与えられ、苗字帯刀が許された。また、このとき堺にあがる肥料、干鰯《ほしか》を独占的に扱う権利を手に入れたという。

大坂夏の陣が終わったのちには、戦いの後始末を願い出、亡くなった兵の供養と、大量の武具を処分したことでも、利益を得た。墓所は大坂の大仙寺。

第二代　淀屋言當

淀屋言當（よどやげんとう、ことまさ）。天正四年（一五七六）〜寛永二〇年（一六四四）一月一四日。弟・五郎右衛門の子・三代箇斎を養子とする。通称「三郎右衛門」、名を「言當」、号を「个庵（こあん）」とした。

なお、二代、四代、五代の歴代当主も、「个庵」を名乗ったので、二代を区別し、特に「玄个庵」

と呼んだ。十三人町の町年寄をつとめた。墓所は大坂の大仙寺。

第三代　淀屋箇斎

淀屋箇斎（よどやかさい）。慶長一一年（一六〇六）～慶安元年（一六四八）七月一二日（八月三〇日）。淀屋言當の弟、五郎右衛門の子。墓所は大阪の大仙寺。

第四代　淀屋重當

淀屋重當（よどやじゅうとう、しげまさ）。寛永一一年（一六三四）～元禄一〇年（一六九七）。

井原西鶴の著わした『日本永代蔵』の頃は重當の時代で、淀屋の全盛期だった。重當は父の死により一四歳で四代目当主となったが、その威勢は百万石の大名を凌《しの》ぐといわれた。二一歳の明暦元年（一六五五）、年寄役に選ばれ町政に加わった。

二七歳で、大坂城番をつとめる米津出羽守田盛《みちのり》のお国腹の姫を妻に迎えたときは、輿入れ行列が絵草紙にまでなって、話題をさらったという。（彼の正妻は、淀藩主・永井尚政の一四歳の孫娘だったともいう）。しかし、家庭的には恵まれず、元禄七年までの二四年間に、前後二人の妻と五人もの幼子を亡くしている。

また、重當は、闕所の三五年も前に、将来、取り潰しなり闕所処分とされることを予感してか、番頭だった牧田仁右衛門に暖簾《のれんわ》分けをし、伯耆国《ほうきのくに》（鳥取県）倉吉で開業させていた。

なぜ、倉吉だったのか、の点については、倉吉が良質な砂鉄の産地だったこと、仁右衛門が倉吉の出身だったことなどが、理由だといわれる。

重當は倉吉に鍛冶町《かじ》を作り、稲籾《もみ》を削ぐ稲扱き（千歯扱《せんばこき》）を製造した。その後、全国に普及する農機具のほとんどは、倉吉製だった。

重當は元禄一〇年（一六九七）四月晦日に没した。この年、淀屋の米市は堂島に移された。また、その死後八年を経て、淀屋の闕所処分が起きている。重當の墓は、京都府八幡市の神應寺にある。

第五代　淀屋廣當《よどやこうとう》

淀屋廣當（ひろまさ。辰五郎）。貞享元年（一六八四）〜享保二年一一月二一日（一七一八年一月二二日）。

元禄一五年（一七〇二）に家督を継ぐ。宝永二年（一七〇五）閏五月一六日（太陽暦では七月初旬）、淀屋が闕所処分を受けたのは、廣當の時代だったと伝えられている。

数え二二歳の彼に、町人の分限をわきまえない僭上驕者のふるまいがあったと、その科で淀屋は「取り潰し」になった。闕所重追放という科刑で、全財産没収、三郷所払いにされたのだ。墓所は、京都府八幡市の神應寺にある。

（七）淀屋取り潰しの直接の原因とは？

淀屋廣當が放蕩《ほうとう》を始めたのは、父・重當の七回忌法要の後だといわれる（重當の母・妙恵の死後四、五カ月後)。

幕府が淀屋を闕所重処分にした「直接の原因」は、何だろうか? 『元正間記』、『新永代蔵』、『淀の流れ』などが詳しいが、必ずしも一致していない。しかし、あえて原因といわれている例を紹介しておく。

① 廣當が年少なのを奇貨として、後見役を口実に、財産横領を企てる親族などがあり、一方でこれを憂え、彼を守ろうとする手代らもいた。そこで後者は廣當を準禁治産者にするほかないと考え、すべての蔵に封印をしてしまった。
そうとは知らない廣當は、新町廓《くるわ》・茨城屋の吾妻大夫《あずまだゆう》を見受けしようとして、必要なお金が出来ないと知り、取り巻き連中と一計を案じ、薬問屋の小西源右衛門を借主に、天王寺屋から用立てしたが、あとで天王寺屋に金を返さない。その金は、すべて取り巻きの手に渡り、彼らは行方をくらましていたといわれる。

そのため、廣當が罪を追及されたといわれる。

② 二〇歳そこその廣當が、闕所までの約一年半に使った金は、一満貫=約一六万六、六〇〇両だったという。そのうえ吾妻大夫を請け出そうとしたから、手代らが蔵に封印。悪者の手代が老人を新奉行に扮装させ、五千両を巻き上げた。
忠義の手代があとで新奉行に挨拶に行って、これを聞いた新奉行が身に覚えがない話に驚き、事件を調べた結果、廣當も罪を免れないとした。

③　あるとき廣當が、秘蔵の茶壺を公儀から所望された事件があった。その折はない、と断ったが、その後、継母が老医師にその茶壺《ちゃつぼ》を贈った。老医師はそれを売ってしまい、人手に渡るうちに、公儀役人の知るところとなり、訴えられたという。

④　淀屋事件の元凶は、幕府側用人・柳沢吉保《よしやす》で、彼が家臣に命じて、廣當の僭上《せんじょう》振《ぶ》りを探らせ、武士・町人の意地を対決させたという説がある（中村吉蔵）。

その年が暮れて約一年半後の宝永三年（一七〇六）一一月、廣當を教唆した悪党六人（一説では九人）が、獄門にかけられた。

『元禄宝永珍話』には、手代の新助、野田屋太郎兵衛、天満屋権七郎、医師の元栄、山城又兵衛、宮村長右衛門の六人が、千日前の刑場で獄門にかかった、と記されている。

本当は、廣當も打ち首になりそうなのを、石清水八幡宮の八幡僧正のとりなしで、命を拾われたとも伝えられている。

その後、廣當は下村个庵《こあん》と名を変えて、しばらく八幡に隠棲《いんせい》した。もちろん、淀屋の知行地は、没収されてしまっており、八幡の邸居は、元禄三年に先代が他人名義で用意したものだ。

闕所から四年の宝永六年三月頃、八幡で謹慎していた廣當は、その後七年間も滞在することになる江戸下りをした。

日光東照宮百年大祭の大赦により、淀屋の元の知行地と八幡山林田地が返還される年の翌正徳六年（一七一六）まで、廣當は米津出羽守政容《まさよし》の虎の門私邸で過ごしたという（『元正間記』）。政容は廣當にとって義理の従兄弟であり、元大坂城番をつとめた内蔵助田盛《みちもり》の孫でもある）。

〈後期淀屋〉

初代　牧田仁右衛門〜

淀屋重當の下で番頭をしていた牧田仁右衛門（初代）は、恐らくは淀屋重當のただ一人の腹心であった。重當より二つ年下だったが、八四歳の生涯をかけて、重當の闘いを助けた人物だ。また、仁右衛門は重當と類似点があり、重當の先妻（出羽の守の娘）が亡くなった年に、仁右衛門の妻も死んだ。しかも二人の妻は同い年だった。そして、同じ頃、二人は後妻を迎えている。

仁右衛門は、暖簾分けをした店を、出身地の伯耆国（鳥取県）倉吉に開き、「淀屋清兵衛」を名乗った。

ちなみに、彼の実家は倉吉の古くからの米屋で、倉吉六商家の一つだった。

倉吉に来た一人の麗人を巡る逸話

牧田仁右衛門が倉吉に来たとき、一人の麗人《れいじん》を伴っていたらしい。

倉吉市新町に大蓮寺という浄土宗の古刹《こさつ》があり、この寺は、後期淀屋の菩提寺でもあるが、墓地のやや奥まったところに、淀屋清兵衛一族の二〇基ばかりの墓が並んでいる。その最も古い元禄一〇年という没年建立のものが「謎の麗人」の墓らしいのだ。

大蓮寺の延享元年（一七四四）の大火のため、ほとんどの手がかりは焼失しているが、墓には、法名「相誉梅顔春理大師」、「先祖代々之諸精霊」、「永代詞堂牧田姓」と刻まれている。

これについて、ある系図では、春女（仮名）は仁右衛門の娘である。ところが、倉吉には彼女に関する古老の伝承話があり、そこから面影《おもかげ》が浮かんでくる。

春女は、淀屋廣當の姉で、美しい娘だった彼女は、飢饉の年に老番頭を供に、倉吉に来たのだと…。伝承説によると春女は、重當の娘ということになる。確かに重當には「安影童女」という、春女より一年早く生まれて来た娘がいた。一方、大阪の谷町九丁目に、「大山寺」という元の淀屋の菩提寺がある。二代目言當が建立したのだが、この寺の過去帳に、何か仕組まれていそうな痕跡がある。

それによると、寛文一〇年（一六七〇）に夭折《ようせつ》している重當の長女、つまり「安影童女」が、ここでは仁右衛門の娘と付記されているのだ。

したがって、一年違いで誕生した安影童女と春女の二人に、同じ二人の父親があったということになる。それは、重當と仁右衛門が、それぞれ自分の娘をすり替えていたということだ、との見方がある。

ここで連想せざるを得ないことがある。淀屋闕所事件は、早速当時の文芸作品にあがり、二作か三作のテーマに取り上げられて、歌舞伎に上演されている。そのいずれもが、追放された主人の難儀を救うため、我が子を殺して、

「幼くてもこなたは親より忠義者じゃ、よう死んでくれた」

と、取りすがって泣く。実際には、仁右衛門の娘だった安影童女が、主家の陰謀のため春女の身代わりに立ったということではないだろうか。

春女は婚家から引き戻されてきた人だったかも知れない。一度、檜物屋藤兵衛という人に嫁していたのが、何らかの理由で帰ってきたようだ。

（八）念願の大坂の店を再開

以後、牧田家は八代目、孫三郎の没する明治二八年（一八九五）まで続いた。この間、宝暦一三年（一七六三）には、大坂の店を再開している。

牧田家の商業活動や、各当主の詳細に関しては、資料がほとんど残っていないため、明らかではないが、木綿や千刃《せんば》、絣《かすり》など倉吉の特産物を全国に売りさばいたようだ。

また、鳥取藩や荒尾氏（倉吉荒尾家）から献金を求められるなど、明治時代まで多額の資産を有していたことが、判明している。

注①　倉吉に居を構えて開業した後期淀屋の二代目・孫三郎李昌（仁右衛門の養嗣子）が、闕所事件の数年後に、「多田屋治良右衛門」という別名を称して、大坂へ進出、淀屋の元の場所へ戻って来ている。
②　牧田淀屋は「主家の血を絶やさない」、「大坂に旗を掲げる」、「決して突出はしない」を守り、前述のとおり闕所から五八年後、大坂・北浜に木綿問屋「淀屋清兵衛」を開いて、暖簾を復活させた。

大蓮寺で見つかった墓は、大坂に店を復活させた初代・清兵衛の息子のものらしい。淀屋はその後、幕末動乱期の安政六年（一八五九）、大坂と倉吉の店をたたみ、財産の九割を倒幕資金として献じたといわれる。

その他参考

分　家

岡本家には、以下の分家があった。大豆葉町家は、現在も続いている。

・常安町家　・大川町家　・斎藤町家　・大豆葉町家

史跡など

・旧牧田家住宅（鳥取県倉吉市東岩倉町）…宝暦一〇年（一七六〇）建造と伝えられ、倉吉市内に現存する最古の商家。
・大阪の淀屋橋南詰めの土佐堀川岸に、「淀屋の屋敷跡」という石碑が立っている。ここが、大阪の米取引き、ひいては先物取引きの基礎を築いた、我が国の取引所発祥の地である。

現在も近くに大阪証券取引所、日銀大阪支店その他金融機関などがひしめいており、金融の中心地となっている。

・なお、江戸時代、全国のコメが大坂に集まるようになり、西国各藩などが土佐堀川・堂島川沿いに、競って蔵屋敷を建てている。特に中之島に蔵屋敷が多かったようで、元禄年間、川沿いには一〇〇以上も、軒を揃えていた。

墓所

大仙寺（大阪市中央区谷町九丁目）…淀屋本家四代の墓（箇斎・常安・言當・祖桂・妙恵・重當　倉吉打吹の大蓮寺

地元の動き

鳥取県大山町在住の作家・新山通江氏が『真説　淀屋辰五郎』を出版し、これが契機となって、近年、淀屋の再評価を求める声が大きくなり、鳥取県倉吉市に現存する「牧田淀屋家」の家屋の保存修復が決まったり、倉吉市長が大阪市との縁を深める動きが生じている。

また、「淀屋研究会」(大阪)が発足し「淀屋サミット」(於大阪市・倉吉市)、「淀屋展」などの開催、映画化の動きなども、出ているようだ。

第四章　北陸地域に関する四大トピック

一　能登半島と北前船・時国家・門前町

能登半島（石川県）は、古くから日本海の海運・交通の要衝だった。そして、この地に繁栄をもたらしたのが「北前船」であり、多くの寄港地を抱えて大いに賑わっていた。

また、北前船がもたらしたのは、交易品だけでなかった。大庄屋であり北前船を五艘も所有していた上時国家《かみときくにけ》と、船で全国のネットワークを組織していた曹洞宗大本山・総持寺《そうじじ》（祖院）。

そこから見えてくるものとは…？

（一）北前船で雄飛した能登の名家・上時国家

大納言　平　時忠《たいらのときただ》の能登配流《はいる》と二つの時国家

石川県輪島《わじま》市の市街地の東方、曽々木《そそぎ》海岸から少し入ったところ（輪島市町野町字南時国）に、大きな茅葺《かやぶき》の二つの家―旧家「上時国家」と「下時国家」―が建っている。

高台に建つのが上時国家で、それより少し町野川下流側にあるのが、下時国家である。二つの家のルーツは、壇ノ浦《だんのうら》の戦いで敗れた平家一門のうち、「平家にあらずんば人にあらず」と述べたことで知られる大納言平時忠にまでさかのぼる。

平時忠は平安末期の公家で、いわゆる堂上《どうじょう》平氏の家系である。大治二年（一一二七）父・兵部権大輔平時信と母・二条大宮（令子内親王）の半物（下仕えの女房）の間に生まれた。

平清盛の継室である平時子は姉に当たり（時忠は同母弟）、後白河法皇の寵姫《ちょうき》で高倉天皇の母・建春門院（慈子《しげこ》）は妹（異母妹）に当たる。

時忠は慈子の兄という立場で後白河院の側近として活動し、右衛門督《うえもんのかみ》・検非違使別当《けびいしべっとう》、中納言を経て、権大納言《ごんのだいなごん》にまで上りつめた。政治家的能力に極めて秀でた人物で、一時は、「平大納言」・「平関白」と称されていた。

平清盛がこの世を去ったあと、源平合戦で平家が没落して、時忠は檀ノ浦で捕虜《ほりょ》となった。しかし、からくも死罪を免れ、源義経の庇護《ひご》（娘・蕨姫《わらびひめ》が義経と婚姻）を受けて都に残留した。

その後、義経とその兄源頼朝の関係が悪化したので、時忠の運命は一転し、文治元年（一一八五）九月、配流先に赴くこととなった。

配流地は奥能登（現在の珠洲市《すずし》大谷）の地であった。源頼朝が義経追討の院宣を得たのは、時忠が能登に到着して約四〇日後のことであった。

文治五年（一一八九）二月、平時忠は配流先の奥能登で亡くなり、その子平時国を祖とした子孫がこの地に定着した。

時忠は生前、能登で妻帯して二人の子をもうけている（時国・時康）。第十二代時国藤左衛門の時代に時国家は二家に分かれ、本家を「上時国家」、分家を「下時国家」と称した（寛永一一年＝一六三四）。

その際、時国藤左衛門自身は、新しく建てた家に、末っ子の千松とともに移り、母屋は長男の次郎兵衛に譲っている。

なお、二家分立は幕府と深い関わりのある大名・土方家が、能登各地に所領を得たことも、原因の一つらしい。上時国家は土方領（のち幕府領）に属し肝煎《きもいり》・十村《とむら》などをつとめ、下時国家は前田領に属し山廻代官・御塩懸相見役等を歴任するなどして、それぞれ明治時代を迎えるのだ。

注・越中・土方領は慶長一一年（一六〇六）、能登六二カ所に分散、陣屋は山崎村（七尾市）に置かれた。のち土方家のお家騒動で一部が幕府に没収され、天領となる。…時国家は土方家（のちに天領）・前田家の二重支配を回避か？

・二家に分立する以前の時国家邸は、今より少し上がった町野川河畔にあった。二家に分かれて以降、上時国家は二四、五代、下時国家は二三代ほどを数えているようだ。

なお、一族の墓所は珠洲市大谷町にあり、現在、時忠の子孫といわれる則貞《のりさだ》家の人たちに守られている。

廻船業を含む多くの業種を手掛ける

時国家は、江戸初期には三〇〇石ほどの石高で、一〇〇～二〇〇人ほどの使用人を抱え、農業のほか製塩・木炭・鍛冶・石切・桶細工・酒造、さらには廻船業・林業・鉱山業・金融業など、実に幅広い業種の仕事を手掛けていたようだ。

したがって、農業経営というより、多角経営の企業家・総合商社のような顔を持っていたということができる。

とくに目を向けたのは、広い日本海に乗り出す海運業であった。時国家は八百石積みから千石積みの大きな北前船を持ち、大坂から日本海を経て蝦夷地の松前まで航海し、巨万の富を得ていたという。また、その財力で金融業にまで手を広げていた。

なお、前述したように、時国家は第一二代時国藤左衛門の時代に二家に分けられている。

両時国家の邸宅

上時国家は江戸期以来、代々大庄屋をつとめ、苗字帯刀を許されていた。現存の建物は、約一六〇〇年前の江戸末期のものといわれ、第二一代当主が建立した。

豪壮・華麗で農家建築の様式に書院造り手法を採り入れており、完成までに二八年を要したという。近世木造民家では最大級である。現在は県の文化財で、建物は開放され、訪問客を受け入れている。

なお、「上時国家文書」は、同家に伝来した八、五七二点の文書からなっている。

一方、下時国家は上時国家から約三〇〇㍍《メートル》離れたところにあり、江戸中期ないし同末期のものといわれる。

古い書院造り洋式を持ち、要所にあすなろの木を用いた堅固な造りだ。上時国家に比べると質素で、農家の特徴が多いといわれ、国の重要文化財となっている。

上時国家、廻船業で雄飛―幕末に五艘の北前船を動かす

近年、上時国家に伝わる「奥能登時国家文書」や、襖《ふすま》の下張り文書により、上時国家がかなり大きな北前船主だったことがわかってきた。加えて、曽々木の町野川河口には、他にも廻船業者がいたことが、確認されている。

上時国家では、江戸期初めの元和五年（一六一九）、松前で仕入れた昆布が素悪品だったため赤字を出した、という記録があるが、江戸後期には少なくとも五艘の北前船を動かしていたようだ。また、幕末には、樺太《からふと》にまで交易の範囲を広げていたらしい。

ちなみに、当時保有していた船は、大国丸、安清丸、永宝丸、時国丸の五艘で、このうちの安清丸が、安政六年（一八五九）に樺太へ航行したようだ。

注・近世初期頃には大型廻船を二～三艘持ち、松前～佐渡～越前敦賀にいたる日本海で活発に交易活動した。その廻船のうちの一艘には、「国役」の永代赦免という特権も、前田氏から付与されていた。

また、広大な山林も所持し、塩浜では盛んに製塩を行ない、その塩や山林からの材木・薪等が、米穀などとともに廻船の積み荷になっていたと思われる。（のち、一八世紀半ばに廻船業から撤退。）

公開されている上時国家には、多数の廻船関係資料も展示されており、中には現存数が少ない帆布がある。和船の帆は、布を縦に縫い合わせて作るため、反数でおよその船の大きさがわかる。

一九世紀初め、兵庫の松右衛門という人が、太く寄り合わせた綿糸で織った、丈夫な帆布を発明した。それ以前は一反の幅が三尺（九〇チセン）だったが、松右衛門帆は二尺五寸（七五チセン）と、やや狭い。

一九世紀以降の北前船全盛期においては、千石積船の帆は二五反前後だったといわれる。なお、今は使われない言葉に「水呑《みずのみ》」がある。すぐ、「貧農もしくは小作人のこと」と受け止めがちだが、歴史学者・網野善彦がそれは誤解だと指摘した。「百姓＝農民」も、間違いだという。

網野がそれと気付いたのは、「奥能登時国家文書」を調査した結果だった。古文書には、江戸初期、柴草屋という能登の廻船商人から、百両を借りたことが記されていたが、そのような大金を融通できる柴草屋の身分は、「水呑」だった。

簡単にいえば、「百姓」には農民以外も含まれ、そのうち土地を持たない人びとを「水呑」と区分したのだ。能登半島には、驚くほどたくさんの「水呑」がいて、そこには富裕な廻船商人も含まれる。網野はそれを「土地を持つ必要のなかった人々」と表現している。

（二）能登・曹洞宗総持寺祖院と門前町に残る北前船の影

能登・志賀町の北方に、輪島市門前町がある。この町はかつての「門前町」であるが、平成一八年（二〇〇六）輪島市に合併している。

この町は、曹洞宗大本山総持寺（現曹洞宗総持寺祖院）の門前にあって、非常に繁栄していた。総持寺の歴史は古く、かれこれ七〇〇年余を数えるが、明治三一年（一八九八）の全山焼失、同三八年の再建などを経て、明治四四年（一九一一）に本山機能が横浜市鶴見区に移転した。

これに伴い、能登の方は「総持寺祖院」と改称され、現在は「別院扱い」となっている。元亨元年（一三二一）、瑩山紹瑾《けいざんじょうきん》（禅林）が開山しており、曹洞宗の多くの寺院が同寺院の系統をひいている。本山の地位等を巡り、越前（福井県）の永平寺と論争することもあったが、「能登国の大本山」として親しまれてきた。

寺の沿革をたどってみると、室町幕府や地元の豪族・畠山氏、長谷部氏の庇護を受けていたが、元亀元年（一五七〇）の戦乱で焼失した。しかし、新領主の前田氏のもとで再興される。明暦三年（一六五七）には寺領四〇〇石が与えられるなど、加賀藩時代を通じて手厚い保護を受けた。

また、幕府は元和元年（一六一五）、永平寺・総持寺をともに「大本山」として認めるとともに、徳川家康の意向で千両が寄付されて、幕府祈願所に指定された。

住持の地位は、五つの塔頭（五院。普蔵院・妙高庵・洞川庵・伝法庵・如意庵）による輪番制が採られたが、明治三年（一八七〇）以降は、独住の住持が置かれた。

同寺では、明治時代までは「輪住制」という制度があり、全国各地の五院の末寺等が輪番地として五院に入る資格を得た。こうして全国の多くの輪番住職が、当時、最速の乗り物・北前船に乗って能登を訪れた。

総持寺は、いわば船で全国のネットワークを組織していたともいえよう。その際に、仏具や食器として使われていた輪島塗などと出会い、全国各地に持ち帰り広めたという。

一方、門前町は総持寺の門前に発達した町であり、総持寺の発展とともにしだいに形成されていった。

宝永二年（一七〇五）の「町方留帳」によると、総家数四六のうち代官二・工人二六・労役六とある。また、明治五年（一八七二）の家数は七二、同一六年（一八八三）の家数九七で人数は三六三とある。同二二年（一八八九）の家数は一〇四、人数は四六二であった。

なお、明治三一年（一八九八）の大火に見舞われた折、総持寺とともに生活してきた住民は、職を失って困窮し、町は、急速に衰退した。

しかしその後、山門・太祖堂・仏殿・僧堂などが再建され、焼失を免れた経蔵・伝灯院・観音堂とともに総持寺祖院として復興し、活況を呈してきている。

この門前町では、能登で最も多くの船絵馬が確認されており、同町「北前船を語る会」の調査では九四枚が現存、うち四三枚が剣地《つるぎじ》八幡神社にある。

また、社殿の隣、金毘羅宮の内壁は、五三枚の護符で覆われている。航海安全を祈って神社が船頭に渡す護符は、無事、帰港すれば返却するものだ。その後は破棄する場合が多く、これほど多く残っているのは珍しいという。

幕末の頃、剣地（輪島市門前町剣地）には、三〇艘ほどの廻船があり、船問屋も六軒あった。また、名前がわかっているだけでも三〇数軒が、蝋燭《ろうそく》を作っていたという。

原料の蝋は、主に瀬戸内から船で運ばれてきており、北前船が地場産業育成につながった例の一つだ。

剣地から二〇分ほどのところに、黒島《くろしま》（輪島市門前町黒島地区）がある。黒島は能登半島に六二カ所あった天領の村の一つで、多くの船持ちが住んでいた。

この地にある「天領北前船資料館」には、毎年八月、「天領祭り」で練り歩く曳き山の梶棒が展示されている。明治二年（一八六九）、剣地の若林忠左衛門が設計し、同四年に完成した千百石積の吉福丸の設計図が保存されており、研究者に高く評価されている。

＊福井県坂井市三国町の郷土史料館「みくに龍翔館」の北前船模型船（五分の一模型）は、この設計図か

ら作られている。

この資料館のやや北に、長い塀に囲まれた「廻船問屋・角海家《かどみ》」がある。明治五年に大火に遭い、再建した母屋は、表通りから裏の海辺まで土間が続く問屋形式を残している。

町の北端、皆月湾《みなづき》の南岸にある五十洲《いぎす》神社には、備前下津井（岡山県倉敷市）の廻船問屋・濱屋文蔵が寄進した石灯籠《いしどうろう》がある。

日本海に突き出している能登半島は、その地理的条件ゆえに古くから日本海交通の要衝となっており、経済・文化の交差点となっていた。

北前船の寄港地も多く、北前船にまつわる多くの豪商を輩出している。例えば、半島西海岸の羽咋市からは「風雲児」と呼ばれた西村忠兵衛、志賀町からは蝦夷地で成功した村山伝兵衛、山田文右衛門らである。

これらの要素を総合すると、能登半島はまさに北前船の遺産があふれる地であり、北前船を語るうえで非常に貴重な存在だといえるのだ。

二　加賀藩と銭屋疑獄事件の闇《やみ》

（一）銭屋のぼっ興

加賀藩と銭屋

加賀藩（藩主前田氏）は加賀、能登のほか支藩の富山藩（前田氏分家）を抱え、一二〇万石もの大藩（雄藩）だった。

しかし、外様大名だったため対幕府政策がむずかしく、幕府からのたび重なる土木工事の命令や、御用金の要求、参勤交代の費用などで負担が重く、財政難にあえいでいた。

こうした中で、加賀藩は将軍家の息女を数度にわたり藩主の正室として迎えるなど、政略結婚を繰り返し、〝婚姻政策〟で脇を固めた。代表的な例は、第三代藩主前田利常の正室珠姫《たまひめ》（二代将軍徳川秀忠の次女）、第一二代藩主前田斉泰の正室溶姫《やすひめ》（一一代将軍徳川家斉の二一女）らである。

その一方で、領内の豪商―特に廻船問屋から御用金を調達する、という方法もとっていた。その最も代表的な例とされているのが、天保期（一八三〇～）に一代で財を築いた銭屋五兵衛（一七七四～一八五二）から御用金を得ていたことであった。

銭屋五兵衛と宮腰

銭屋の祖先は、越前の戦国大名・朝倉氏ゆかりの武士だといわれており、のちに加賀・鶴来《つるぎ》の舟岡山城主・高畠石見守の家臣として仕えたといわれる。

舟岡山の廃城後は能美郡《のみぐん》清水村《しみずむら》の百姓となり、その嫡男吉右衛門が銭屋の元祖である。彼は、のちに宮腰《みやのこし》(現在の石川県金沢市金石町《かないわ》の旧地名。金沢より海岸寄り、犀川河口右岸に位置し、中世以来の湊町)に移住して、銭屋の家名を興したという。

〝銭屋〟とは妙な名であるが、この家が両替商をしていたことから出た屋号で、苗字は「清水」であった。この銭屋は、宮腰(金石)を活動拠点にしていた。

注・金石港は、金沢の外港として、また漁港として繁栄した。同港は江戸時代まで「宮腰津《みやのこしのつ》」、「宮腰湊」と呼ばれ、金石の町は宮腰町と呼ばれていた。「金石」と変更したのは慶応二年(一八六六)である。

安永二年(一七七三)、宮腰の商家の長男として生まれた五兵衛は、幼名を「茂助《もすけ》」といい、家督を継いで「五兵衛」を名乗った。同家は、父の弥吉郎も含めて、当主は三代にわたり五兵衛を名乗っていた。三代目の五兵衛が本書の主人公であり、「銭五《ぜにご》」と呼ばれた人物である。

祖父五兵衛は有能な材木商人で、加賀藩の作事所(城や藩の建築物の管理・修繕を担当する役所)から、材木などの特注を受ける「御用商人」として名をなしていた。しかし、彼は初め実子がおらず、親類の天満屋《てんまや》の与三兵衛《よそべえ》を養子にもらった。その後、実子弥兵衛が生まれたが、家督は予定通り与三兵衛に譲った。

これが「銭屋本家」で、与三八があとを継いだ。

一方、実子弥吉郎には「分家」を立てさせ、ここに自分(祖父五兵衛)も同居した。この弥吉郎は、宝暦五年（一七五五）に祖父を失ったが、それから一〇年後の明和元年（一七六四）、二三歳で正式に分家を立てて、「銭屋五兵衛（二代目の五兵衛）」の家名を相続した。

弥吉郎は、この名を分家の宝として大切にし、長男茂助（三代目の五兵衛）にこの名を譲っている。また弥吉郎は、どの程度かは明らかではないが、何らかの形—例えば船主になるなどの形—で海運業にも関わったようだ。他の商人と共同で、六〇〇石積《づみ》の船一艘を手に入れた形跡がある。

したがって、その海運業にかける思いは、茂助にも伝わっていただろう。晩年、弥吉郎は、長男茂助が始めた海運事業に目を細めていたらしい。

本家を相続できなかった弥吉郎は、自力で商売を始め、醤油醸造、質屋、古着屋、そして船商売と、多方面に手を出している（なお、分家独立前に、自ら船頭などとして一時期、北前船に乗り組んだ経験があるのかも知れない）。

弥吉郎の妻（茂助の母）は、同じ宮腰の町人・嶋屋三郎右衛門の娘で「やす」といった。二人の間には、長男の茂助以外にも二人の男子がいた。次男・六郎右衛門は、のちに本吉《もとよし》（美川町）の商家の養子に入り、三男又五郎は宮腰で分家を立てている。

さて、茂助は父弥吉郎（四八歳）の隠居に伴い、家督を継いで三代目の「五兵衛」を名乗った。

時は寛政元年（一七八九）、一七歳の時だった（父弥吉郎は「五郎兵衛」と改称）。

銭屋の本家与三郎家では、与三八が家督を継ぎ、八代目の与三八は五兵衛の娘ますと結婚している。

五兵衛は、自宅の属する下通町《しもどおりちょう》の「組合頭《くみあいがしら》」に就いた。ただし町奉行所が正式に認証したのは二年後で、それまでは見習い期間であった。また、若年とあって、家業は相変わらず隠居の父・弥吉郎が取り仕切った。

材木商として存在感を増す

五兵衛は、父の始めた醤油製造、質商などを営んだが、寛政一〇年（一七九八）、長女ますが生まれた年に、宮腰の中心部・味噌屋《みそや》町に店を入手した。

翌年から五兵衛は、味噌屋町の店で質業とともに古着・呉服の商売を、手広く商《あきな》った。また、その間の二九歳のとき、本町の組合頭に就いて旦那《だんな》衆の仲間入りを果たした。

以降、実力が認められるにしたがい、三九歳頃から銀仲棟取《ぎんずわいとうどり》、諸相場聞合所棟取《しょそうばききあわせしょとうとどり》、貯用銀《ちょようぎん》裁許、能方主附《のうかたぬしつけ》、諸相場聞合所棟取《ききあわせしょとうどりとり》などの役職を歴任した。

五兵衛の初婚の相手は、松任町の小川屋次郎兵衛の娘であるが、早逝《そうせい》したので、間もなく宮腰の根布屋《ねぶや》長左衛門の娘いそと再婚し、長女ますをもうけている。

しかし、いそも長女出産の二年後に死去したので、金沢百姓町の松任屋弥助の娘まさを後妻に迎えた。まさも再婚で、男の子を連れ子にして銭屋に嫁いだ。

まさは五兵衛との間に四男六女をもうけ、夫婦仲もよく、終生、五兵衛を陰で支えた（連れ子の男子は、のちに出家し、福井の孝顕寺住職、大春棟全和尚となっている）。

ちなみに、五兵衛の家督は長男・喜太郎が継ぎ、次男・佐八郎がこれを助けている。三男要蔵《ようぞう》は時中《じちゅう》村（または時中出村）の新田百姓として入植させ、将来、十村《とむら》役へ出世するのを期待した。四男吉蔵《きちぞう》は、四歳で早逝している。また、女子は次女、五女が早逝、長女ますは前述の通り本家与三八に嫁ぎ、残り三人は成人して、それぞれ金沢、宮腰、美川の商家に嫁いでいる。

味噌屋町の呉服商売は繁盛したが、良い手代に恵まれず、非常に多忙であった。五兵衛が思い切って古着・呉服商をやめた文化七年（一八一〇）、たまたま質流れの中古船（一二〇石積）を手に入れた。

彼はこれを修理したでうえ、船頭を雇ってコメの廻漕を始めた。

翌文化八年、父弥吉郎が七一歳で死去したが、資金はかなり貯めてあった。この年、五兵衛は銀仲棟取《ぎんずわいとうどり》に就任し、コメ仲買いへの資金貸し出しに関わったが、そこで米穀相場の投機実態を学んだ。

文化九年（一八一二）、五兵衛は加賀藩から宮腰の「材木問屋職」に就くよう強要された。五兵衛は気乗りしなかったが、結局、これを引き受けた。この材木問屋という要職は、宮腰や村方の海運業者が廻漕してきた材木を、一手に管理し、材木流通の全体を俯瞰《ふかん》できた。材木の価格を、ある面で左右できる立場にもあった。

こうして、良材を藩の作事所へ納入する役割を担うことになったのだが、もともと、材木海運は五兵衛の生まれる前から盛んで、北陸各地の商人は、主に東北地方から良材を運んでいた。

海運事業に乗り出す

五兵衛の参入時は材木需要が伸びる時期にあたり、加賀藩の振興政策も追い風となって、順調に発展した。また、中古船での成功で気を良くして、本格的な船持ち（北前船主）となり、文化八年の冬、三人乗りの小さな船を新造していた。さらに翌九年には、材木運搬用の大船の建造を決意した。

この頃、本吉《もとよし》で三七〇石積の船を作っており、わずか二年のうちに、四艘の船持ちになった。こうして、渋々引き受けたはずの材木問屋の地位を利用して、〝銭五〟の名前が全国各地に広がった。文政年間から嘉永年間（一八二〇～五〇）にかけて、宮腰の材木入津《にゅうしん》量は急増し、町は材木景気で潤《うるお》った。

銭屋はのちに加賀藩との関係を深めるが、その結果、材木問屋職の権限を逸脱し、材木の価格決定の実権を握ったらしい。

それで、材木仲買人や材木肝煎などの仕事が有名無実と化し、彼らは銭屋の独占的な価格管理や市場支配を非難した。特に、嘉永年間になって非難の声が高まり、加賀藩はついに五兵衛・

喜太郎親子二代にわたり勤務してきた材木問屋職を解任した（嘉永四年）。

材木仲買人らは、五兵衛の長男・喜太郎が従来の材木商売の慣行を破壊し、「わがまま」で「自由な売捌《うりさば》き」を、「五兵衛の料簡《りょうけん》のまま」進めたと非難したという。

持ち船数を徐々に増やす

五兵衛は、文政八年（一八二五）、長男・喜太郎が一七歳になると家督を譲り、隠居したが、名目だけで、経営の実権は依然、五兵衛が握っていた。

隠居した年から天保五年（一八三四）までの一〇年間、五兵衛は能登や瀬戸内の塩を会津藩に送り、その代わり会津特産品の蝋燭《ろうそく》を宮腰、金沢で販売したが、この取り引きをめぐってトラブルがあり、大損をしたようだ。

隠居後も、五兵衛は加賀藩御用をいろいろつとめた。例えば、天保四〜五年（一八三三〜三四）には、櫂数調理役《かいすうしらべやく》、銀札御引替所札尻《ふだじり》など。

天保四年（一八三三）八月、五兵衛自慢の宝銭丸（銭屋最大の積載量一、二〇〇石）が買い付けた昆布を百石ほど荷積みした後、蝦夷地のシャマニ（様似）沖で、突風のために碇綱《いかりつな》が切れて砂浜に打ち上げられ、破船してしまった。この船は、のちに修理して天保六年（一八三五）には再び航海したが、津軽海峡で強風のため帆柱を折り、津軽三厩《つがるみんまや》に入港し大規模な修理を行なうはめに陥《おちい》っている。

しかし、五兵衛はひるまず、同五年一月、大坂で競売に付された高田屋嘉兵衛の神力丸《じんりきまる》（一、七〇〇石積）を購入した。同一三年（一八四二）冬には、約一、三〇〇両を投じて宮腰浜で宝銭丸（千石積）の新造にとりかかっている。五兵衛の豪商ぶりは、

「全国三四カ所に支店を持ち、これらの店には一六八人が勤務し、所持する船は大小二〇〇艘以上だった」

と明治以来、語り継がれている。（ただし、木越隆三『銭屋五兵衛と北前船の時代』によると、この説には疑問があり、船は文政年間以後、購入・新造したのが延べ四〇艘ほど、支店は宮腰の本店、金沢の支店のほか領外では青森支店だけだとしている）。

注・後述する嘉永五年の疑獄事件のとき、それまで入手していた銭屋の船はすべて差し押さえられ、加賀藩により競売に付されたが、そのときの船は一四艘で千石積以上が六艘、六〇〇～千石積が四艘、六〇〇石積以下が四艘である。

この点について、石川県銭屋五兵衛記念館のホームページには、次のように記載されている。

「宮腰の本店を中心に松前、青森、新潟、酒田、長崎、大坂、江戸など全国に34箇所の支店・出張所を設け各地の得意先商人と信用取引や情報交換による全国的なネットワーク体制を確立、農水産物の生産状況、価格、景気の変動など頻繁に便船、飛脚に託して掌握、また為替による代金決済や海難事故に備えて荷主に保証金を事前に渡しておく「敷金積立制度」を導入した。」

そこで、著者が同館館長に直接、電話照会してみたところ、三四カ所の支店・一六八人・大小二〇〇人などの点は、必ずしも全て裏付けのとれているわけではないが、こう主張している研究者もいる、との回答だった。

（二）奥村栄実《てるざね》による加賀藩財政再建と銭屋の御手船裁許《おてせんさいきょ》

奥村栄実を起用──本格的な財政再建へ

天保五年（一八三四）、前年の凶作で加賀藩の財政再建計画が大きく狂ったため、藩主・前田斉泰《なりやす》は思い切った策を講じようと、重臣・奥村内膳を起用した。

しかし、思うように成果があがらず、同七年、奥村栄実を起用した（内膳の奥村家は栄実の奥村本家の分家だった）。

この頃、凶作などから米価が上昇し、領内で打ち毀しや騒動が起きた。攻撃目標には宮腰の銭屋が狙われた。裏には、銭屋が密かにコメを領外へ移出したという風評などがあった。

しかし、五兵衛は加賀藩に多額の資金調達に協力するなどして、付け入られなかった。

翌八年には、宮腰の材木商・室屋三郎左衛門が、米の違法な密貿易（抜け荷）をしたとの疑惑が浮上し、このとき銭屋の方も同じ疑いで調べられたが、申し開きをして免れたようだ。

五兵衛は不人気の挽回につとめ、古米などを貧民救済に提供したり、多額の救済金を町奉行所に寄付したり、永大請地の隠居所の建て替え工事を行ない、実質的な救済事業を行なったりしている。

天保八年（一八三七）という年は、内憂外患がいっきょに表面化した年だが、加賀藩では奥村栄実らが、幕府より早く、藩士に対する半知《はんち》借り上げ、借財方仕法（一種の徳政令）など、いわゆる「天保の改革」を始めた。五兵衛もこれに協力的な態度をとった。

同一一年（一八四〇）、五兵衛は奥村栄実の屋敷に出入りを許され、それ以降、藩の重臣との交流がさらに深まった。翌一二年には、奥村内膳から五兵衛父子に「勝手方内用」に励んだという理由で三人扶持を下付され、このあと奥村栄実からも饗応《きょうおう》を受けたりした。

一方、藩政改革――「痛み」を伴う財政再建の途上とあって、奥村栄実は、犠牲となった藩士たちや豪商、地主からも怨《うらま》れ、悪評が領内に満ちて来た。このため彼は再三、辞任を申し出たが、斉泰は許さなかった。

奥村栄実は、豪商を積極的に財政再建に登用する策をとることとし、先ず天保一一年、向粟《むかいあわ》ケ崎《がさき》の島崎徳兵衛、粟ケ崎の木谷藤右衛門の二人を「お金裁許」に任命し、十村《とむら》列（十村＝他藩の大庄屋に当たる）の待遇を与え苗字を許した。

翌一二年には銭屋喜太郎への扶持下付が検討され、一三年正月には奥村栄実邸の年頭礼に招かれた。そのうちに、奥村栄実の強い危機意識と五兵衛の経営能力が結び付き、「加賀版藩営商業」の実現に向けて傾斜していく。

藩営海運事業の実施と銭屋の御手船裁許《おてせんさいきょ》

天保一三年以降、藩の算用場奉行配下の改作奉行らのもとで、藩営の海運事業が具体化する（これには、五兵衛が何かの提案をした可能性もある）。一二月、「御手船の実施」が決定された。御手船、すなわち加賀藩が自ら北前船を所有し、蔵米や国産の専売品を大坂や江戸へ運んで、運賃や販売利益を「藩の収入」とする「藩営海運事業」が実施に移されることになったのだ。「御手船」とは藩主の船のことだが、船印、幔幕《まんまく》、提灯《ちょうちん》などに加賀藩の家紋をつけ、許可された者以外は乗船できなかった。いわば船内は「治外法権」で、渡海する免許も必要がなかったことになる。

最初の御手船は、五兵衛の船をもって当てた。具体的には、翌一四年一月、五兵衛の持ち船常安丸（九五〇石）を藩が買い上げ、銭屋に預けることが決まった。

この船は、加賀藩の改作所の所属となり、前田家の梅鉢の御紋が付けられ、御紋付きの提灯や小旗の使用が認められ、これを五兵衛が運航し利益を上げるよう期待された。五兵衛のこのような役割を、「御手船裁許」と呼んだ。

なお、同一四年、五兵衛と喜太郎は、宮腰町奉行から「御かね裁許」（御銀裁許）に任命されると同時に、町奉行直支配《じきしはい》の待遇を受けた（他に木谷孫太郎ら四人が任命された）。

藩が彼らに求めたのは、金詰まり解消のため、藩が募集する調達銀の返済保証人になることだった。つまり、御かね裁許五人（五兵衛と喜太郎は二人で一人とみなされていた）の名前で返済を約束する証文を発行すれば、銀主が安心し、金銀の不融通が解消できると踏んだのだ。

五兵衛は御手船裁許の仕事のかたわら、御かね裁許にも精を出した。

天保一五年（一八四四）五月、江戸城の本丸が焼失し、九月、幕府は本丸再建の費用を諸大名に割り振った。加賀前田藩には八万両が課された。その影響で藩は六万両の御用金を領内の豪商たちに依頼（五カ年年賦の借用金調達）することになり、弘化元年（一八四四）、領内の有力豪商二三人が呼び出しを受けて、金沢城下の料亭・周楽に集められた。

その際、五兵衛は加賀藩への協力を率先して行なうことを表明した。五兵衛は領内一の海商・木谷藤右衛門や、島崎徳兵衛に次ぐ金額を負担した。

その後、豪商たちは冥加金《みょうがきん》（献金）や嘉永元年（一八四八）の再度の調達金に応じている。五兵衛は調達金割り振りや冥加金の献上の功績で、加賀藩から初めて三人扶持を支給された。またこの一件で、銭屋五兵衛親子の名前は藩主の耳にも達するようになった。

その頃、常豊丸の建造が始まった。藩主前田斉泰は、この五兵衛自慢の御手船常豊丸を見学して感銘を受け、弘化四年（一八四七）の年頭に五兵衛親子を金沢城に招いている。

なお、前藩主斉広《なりひろ》の正室真龍院《しんりゅういん》（摂関《せっかん》家の鷹司《たかつかさ》家《け》出身）の老女染川《そめかわ》を通じて、真龍院や伏見宮《ふしみのみや》家との繋《つな》がりができ、真龍院の紹介で伏見宮家の金融御用を代行したという。

天保一四年に始まった加賀藩営の海運事業は、順調にすべり出した。そこで常磐丸、常豊丸、常全丸の三艘が御手船に追加された。いずれも、銭屋の船を買い上げたものだった。

五兵衛は、天保一三年秋から一四年春にかけて、宝応丸、宝銭丸、宝安丸、常安丸の四艘を同時に建造したが、常安丸以外は、銭屋の手船とした。

しかし、御手船とともに、銭五船団の一翼を担ったので、銭屋の持ち船まで、加賀百万石の威光を背に蔵米輸送や買い積み商売ができた。

なお、常豊丸は藩所有の船だが、五兵衛自慢の船で、前述したように完成時には藩主斉泰が見学し、完成後には五兵衛親子三人が藩から褒美金を下付された。

しかし、藩営事業の産みの親といえる奥村栄実は、天保一四年八月、財政再建と改革の道半ばにして亡くなった。享年五二。

そのあと、二一歳の奥村栄親《てるちか》が奥村栄実の家督を継ぐが、翌年夭折《ようせつ》したので、急きょ、奥村内膳の弟・栄通《てるみち》が末期養子《まつご》になり、奥村本家の家督を継いだ。栄通は兄の内膳を通じて五兵衛とは親しかったようである。

なお、銭屋の船団の活躍がめざましい青森湊には、支店がおかれ、船頭・喜助が支配人になって、津軽半島、松前、箱館、蝦夷地における取引の拠点となった。弘前藩の御用金などにも応じ、青森支店は拡大の一歩をたどった。陸奥湾岸の諸湊に銭屋の名前が広まった。

奥村の死と黒羽織《くろはおり》党のぼっ興

奥村栄実の死後、弘化四年（一八四七）から嘉永七年（一八五四）にかけて加賀藩政をリードしたのは長連弘《ちょうつらひろ》で、いわゆる「第一次黒羽織党政権」(「嘉永政権」)が始まる。

彼らは①新産業奨励策、②新田開発推進と米年貢の増徴、③領内産業保護策、④海防体制の充実強化、などの政策をとった。

天保一二年、奥村内膳が死去し、栄実に続く親交ある人物の死に、五兵衛は将来に不安を持った。しかし、後を継いだ奥村直温、奥村栄通からは引き続き出入りを許され、以前にも増して親しく交流を続けた。藩営海運事業は継続されたし、御かね裁許の役にも精励した。

嘉永元年(一八四八)、蔵米一、五〇〇石を積んだ常豊丸が、能登半島狼煙《のろし》沖で座礁し大破した。急報を受けた五兵衛たちは、すぐ出立し、濡れ米の回収など後始末の指揮に当たった。直後、五兵衛は妻や娘らを伴い、京都に遊んだ。

しかし、すぐ第二常豊丸の建造を始め、嘉永三年三月にはこれを完成させた。この折には、藩主の実母栄操院が見学に訪れている。

一方、常豊丸遭難の頃、加賀藩首脳部は藩営海運を継続するか否か、迷っていた。発言力を増した長連弘らは、御手船反対の急先鋒だったと推定される。彼らは、藩が特定の商人の力を借り利益を得るなど愚策《ぐさく》で、民心を惑わすと考えていたのだった。

なお、こうした思想の源は、加賀藩の陪臣の出ながら儒学等に優れた、「上田作之丞」という人物だったという。

（三）銭屋と河北潟埋め立て事業

河北潟埋め立て事業始まる

この頃から、加賀藩内では、財政再建よりも外圧を意識した軍備・海防が優先すべきだという思想が台頭してきた。黒羽織党の思想もこれに近く、安易に商人に頼らずに先ずは百姓からの年貢を増やそうと考えていた。

嘉永政権は課税策の一つとして「新田開発の推進」を掲げた。新開願いを奨励、町人の新開投資を認めたほか、新田の買い取りや保有を公認、町人に次男、三男がいるときは百姓にして保有することを認めるとした。

このことは、豪商に対して「新しい投資の機会」が与えられたことに繋がる。五兵衛の河北潟埋め立て・新開計画は、こうした政策に刺激されたもので、常豊丸破船で弱気になったからではないようだ。事業に成功すれば、三男・要蔵を新田地主にし、機会があれば新田裁許役などの地位にも就けられるかも知れない。

ちなみに、要蔵は病弱ではあったが、馬術・書道など多趣味で、性格も豪胆で五兵衛に好かれていた。

注・五兵衛は文政一一年（一八二八）以降、法の網をかいくぐって、手頃な切高《きりだか》（売りに出された高付けの田畑）や開墾地を買い集め、小作料を収益としており、少なくとも八三七石の田畑を手に入れていた。

嘉永二年（一八四〇）、五兵衛は、

「河北潟沿岸を埋め立て、二、九〇〇石の新田を開きたい」

と、寺中村要蔵（五兵衛の三男、当時二九歳）の名前で加州郡奉行所に願い出た。ちなみに、「河北潟」とは、現在の石川県中部にある潟湖で、金沢市、河北郡内灘《うちなだ》町にまたがっている。日本海沿岸の内灘《うちなだ》砂丘でせき止められてできた海跡湖で、かつては汽水湖だったが、干拓が行なわれた現在は淡水湖となっている。干拓前は面積約二三平方キロだったが、二〇一四年一〇月現在では約四・二〇平方キロである。

同奉行所からは、「河北郡波除《なみよけ》開《びらき》二、九〇〇石を許可する」と通知された。これには、①二、九〇〇石の二五パーセント（七二五石）は引地《ひきち》として、新開地の村や新田裁許役らに渡す、②波除開に要する経費一八三貫匁（約二、五〇〇両）は銭屋負担とする、などの条件付きだった。

嘉永三年（一八五〇）、経費七〇貫匁の追加が加賀藩から指示された。うち銭屋の負担は四四貫匁で、残りは木谷藤右衛門・島崎徳兵衛に課された。木谷・島崎両家もこの事業に加わり一、七〇〇石分の開発主附となった。

結局、河北潟埋立新開には、木谷・島崎両家も加わえ、「総高四、六〇〇石」の大事業になった。銭屋の追加負担は嘉永三年一月に上納され、出資額は二二七貫匁へ増えた。

（四）銭屋疑獄事件起きる

疑獄事件に発展

河北潟埋め立て工事は嘉永二年（一八四九）から始まったが、沿岸の村々から反対の声があがった。河北潟では、古くからゴリ、フナ、ナマズ、シジミなどが豊富に採れ、周辺住民や金沢町人の食卓に欠かせなかった。八田・大根布《おおねぶ》など、潟での漁業で生計を立てる頭振《あたまふり》（無高の百姓）も多かった。

新開場所は四地区に分かれるが、合わせて四、六〇〇石の水田を造成する壮大な計画で、完成すると、これまでは沿岸住民が小規模の新開を行なって、田畑を少しずつ増やしてきたのに、開発可能地が無くなってしまうのだ。

一方、五兵衛も前もって覚悟はしていたが、予想外に経費がかかり、今後この工事でさらにどのくらい金がかかるのか、不安を覚えていた。同年七月には要蔵・木谷・島崎の三人で、新田の税率の軽減かたを、嘆願した。

この工事自体にも問題が出た。工事のスピードアップのため、人足に地元の農民でなく、能登の黒鍬集団《くろくわしゅうだん》を動員したことが裏目に出たのだ。

銭屋のやり方では、地元に仕事が回ってこないと憎まれた。漁民たちは、夜中に浸入し土堤を壊すなど、たびたび工事を妨害し人足頭と対立した。これを監視するため現場に作小屋や見張人の配置などをしたが、彼らの間で漁民への敵意が募ったようだ。

銭屋の主人・喜太郎は、五兵衛と要蔵の進める波除新開に反発。家督を、弟佐八郎に譲るよう指示されたことも気に入らなかった。嘉永五年(一八五二)閏二月、喜太郎は京都伏見を訪問、雑事から逃避した。

一方、八〇歳になった五兵衛も病気がちで、床に伏せることが多くなった。心中は河北潟埋立工事に絡む不安がいっぱいで、喜太郎ら家族に再三、遺言や遺戒をした。

七月、五兵衛は、要蔵らを伴い善光寺参りに出た。翌八月、越中(富山県)東岩瀬まで来て、迎えの喜助から、河北潟の異変や銭屋への悪評を耳にした。宮腰に帰る途中、津幡付近から舟で潟を横切り、大量の魚が変死したのを見て驚く。

住民たちは、河北潟で発生した異変の原因は銭屋の流した石灰や毒油だと、さかんに噂《うわさ》した。その夏は暑くて水不足で、チフスのような伝染病が流行したので、人びとの不安は増大した。八月一一〜二八日頃にかけて、魚の大量変死、死魚を食べた鳥類・猫などの変死などがあり、一部住民が潟で獲った魚を食べ、一〇人が食あたりで死亡した事件も発生した。さらに石灰を積んだ銭屋の船が通ったあと魚が多く死んだとか、銭屋の工事現場で石灰・毒油を潟に流している、などの根も羽もない風評が飛び交った。こうして、住民の銭屋に対する反感が広まった。

加賀藩当局も放置できず、特に長連弘と黒羽織党は、

「銭屋と藩が結託している」

という風評が立つのを恐れた。そこで藩の郡奉行、加州盗賊改役は、噂《うわさ》についての内偵を進め始めた。

銭屋一族を逮捕

その後、手ごたえを感じたところで、銭屋一族の逮捕に踏み切った。逮捕の理由は「庶民の間の風評」が最大の要因だと見られる。

黒羽織党といえども、破綻《はたん》寸前の藩財政を運営するのに豪商に依存していたのだが、風評——世論に押されて動いたのだった。

最初の逮捕者は、五兵衛の三男要蔵と人足頭だった。続いて九月二日、別の人足頭、新開所番人らが逮捕された。その後、続々と逮捕者が出て、大疑獄事件の様相を呈してきた。

特に嘉永五年（一八五二）九月一一日には、銭屋五兵衛と喜太郎・佐八郎が逮捕され、金沢町奉行所の牢へ入れられた。逮捕者は四〇人を超え、事情聴取の召喚を受けた者を含めると、七〇人を超えた。

奉行所は、並行して石灰、毒油などの証拠品の探索を行なった。その結果、石灰俵らしい物を発見したが、すべてが証拠品とは認定されず、公事場(訴訟を取り扱い裁いた所。現在の裁判所)へ証拠として送ったのは、わずかだった。

そのうち、尋問を受けた者の中から、悲観して自殺する者も出た。要蔵、五兵衛、喜太郎、佐八郎らも一貫して疑惑を否定した。彼らは工事そのものに直接関与していなかった。

誰が何のため毒物を流したかがわからず、郡奉行らは「実行犯は現場で実務を担当していた者だろう」と見当をつけ、現場責任者らに対し、厳しい吟味を続けた。

その結果、ついに、石灰投入を自白する者が出た。最初番人の自白は番人のひとりで、藩が期待する自白をすれば、牢から出られるという心理が誘い水となり、連鎖的に人足頭ほか数人の自白が続いた。

これで奉行所のメンツが立ち、銭屋一族に対する吟味も厳しくなった。その結果、七月に要蔵ほか三人が現場視察に出掛けた事実が明らかになり、このとき石灰などが流されたのではないか、との疑いが浮かび出た。

しかし、物証が乏しいので、関係奉行たちは自白を拠り所に、「公事場送り」を要請した。

公事場送りと五兵衛の牢死

奉行らは、埋め立て工事側と新開に反対する漁民との対立に注目した。すなわち、漁民らの工事妨害への対抗措置として、工事現場付近に石灰や毒油を散布したものと推論した。

一方、自白した新開所番人や作小屋番人らの口書（予備調書）によれば、作小屋に石灰俵が置かれていたことは、間違いなさそうだ。人足頭らが工事現場付近の湖面に石灰を散布したのも、事実に近いように見える。

しかし、要蔵や五兵衛が直接、それらの行為を指揮したかどうかは、予備段階では明らかにならなかった。現場の工事関係者が、感情にまかせて石灰をまいたようにみえる。

ただ、意図的な石灰散布や、新開地の根土を固める凝固剤として、石灰を使用したことが、事実であっても、それと潟漁の大量死の間の因果関係を、明らかにしなければならない。しかも、数俵の石灰をまいても、あれほど多くの魚が一斉に浮き死ぬのか、疑問が残る。

主犯とされた容疑者は、潔白を主張し自白する気配がなかったが、奉行らはこれを「頑固さゆえの確信犯」と決めつけ、拷問が必要だと上申した。

三五人中、二三人が公事場送りとなり、残り一二人は公事場吟味の前に死去した二人（宿舎で自害した文右衛門と、一二月に犀川の牢で死亡した手代の次郎兵衛）と、公事場に送られず罪を許された一〇人である。

公事場送りとなった二三人のうち、主犯とみられた四人は、五兵衛・要蔵・喜助・孫兵衛で、一〇日朝から公事場の借牢に収容され、五兵衛が牢死したあと、一二月に最初の吟味を受けた。続いて人足頭、人足・新開番人など一二人が、公事場に送られ吟味を受けた。

病気がちの五兵衛は、公事場の牢で病状が悪化し治療を受けたが、嘉永五年一一月二一日深夜、ついに病死した。享年八〇。

五兵衛と手代・次郎兵衛は、公事場吟味の前に牢死したが、公事場に送られてから牢死した者が四人いた。

なお、取調べの過程で二人の留書足軽《とめがきあしがる》が青森・松前方面へ派遣され、銭屋の「蕃国《ばんこく》と通商等」の疑いとか、毒物の出所などについて内偵したが、
① 先ず、海外貿易はあり得ない。蝦夷地では松前藩や幕府隠密が警戒の目を光らせている。
② 毒物についても、さしたる裏付けになる情報はない。
との趣旨の報告がなされている。

判決と刑の執行

嘉永六年（一八五三）一二月六日、公事場から銭屋一族への判決が出された。内容はほぼ、次のとおりである。
① 首謀者銭屋要蔵は宮腰にて磔《はりつけ》。手代市兵衛は宮腰で斬首ののち、きょう首（さらし首）。
② 銭屋喜太郎・佐八郎、青森支店の喜助、南部の久次郎、新田裁許の笠舞村九兵衛の五人は、共犯もしくは幇助《ほうじょ》の罪で永牢（久次郎は牢死、あとの四人は安政五年九月までに出牢）。
③ その他、公事場に送致された一一人は、一年近くの公事場禁牢をもって処罰完了とされ、判決日に出牢した。

なお、嘉永五年八月の事件発生以来の犠牲者についてまとめると、
自殺者　　一人
牢死　　六人（五兵衛・孫兵衛・理兵衛・佐兵衛・勘兵衛・次郎兵衛）

死刑　　二人（要蔵・市兵衛）
禁牢一年　一一人

である。あとは禁牢一年未満の軽罪で済んだ。

牢死した五兵衛や孫兵衛も磔に相当する、と宣告していて、五兵衛一族に対する処罰は、尋常ではない厳刑であった。

これには、一般住民の方も、あれだけ上級藩士と親しくしてきた五兵衛らが、これほどまでに厳しい処罰を受けるのは、裏に何かあるのだろうと勘ぐり、

「噂にあった五兵衛らの密貿易は、やはり本当だったのだ。御手船裁許の五兵衛は、藩と結託して海外密貿易をしていたに違いない」

と思ったであろう。ただ、その密貿易の根拠も不明確であった。

一二月一三日、大野村との境目あたりの海辺の一本松で、要蔵、市兵衛の死刑が執行された。大勢の見物人がつめかけ、酷《むご》たらしいようすは人びとの同情を誘った。

家財の没収と関係役人の処罰

死刑判決を受けた五兵衛、要蔵、市兵衛、孫兵衛の四人には、同時に「家財闕所《けっしょ》」、永牢の喜太郎には「家名断絶」が、申し渡された。味噌屋町の銭屋本店や呉服店、五兵衛隠居所、付属の土蔵、銭屋の持ち船一五艘などは、すべて差し押さえられた。

没収財産については諸説があるが、前田家編輯方《へんしゅうかた》の試算では、没収財産総額がおよそ一二万両としており、これに債権類を加えれば、二〇万両（約一〇〇億円）程度ではないかと思われる（木越隆三『銭屋五兵衛と北前船の時代』北國新聞社）。

注・没収された銭屋の財産は、鏑木勢岐《かぶらぎせいき》の研究によれば約三〇〇万両で、これは加賀藩の全収入のおよそ五年分にあたり、現在の五〇〇億円に近いともいわれる（『石川県の歴史』山川出版社）。

こうして、さしもの銭屋財閥も強制的に倒産させられた。実に情け容赦ない制裁に、一般住民もやがては同情するようになっていったようだ。

銭屋疑獄事件の影響は、御手船裁許の五兵衛・喜太郎らと関係のあった加賀藩改作所や算用場の役人にまで及んだ。嘉永五年一〇月一四日、次の一〇人が、処分された（ただ、現職解任はされたが、あとは逼塞《ひっそく》、遠慮、差控《さしひか》えで済んだ）。

小島五郎右衛門景福・安田新兵衛益新・上月四郎左衛門以茂・津田兵三郎・鈴木清之丞・河合清左衛門祐之・松平往来康敬・不破紋左衛門有親・山崎守衛・寺尾甚蔵

五兵衛らと交流のあった者は、この一〇人にとどまらず、年寄・家老・若年寄クラスにも数名いたが、結局、不問に付された。

銭屋喜太郎の娘千賀らの減刑運動

銭屋疑獄事件の噂は、背びれ尾びれがついて全国に広まった。一方、遺された宮腰の銭屋の家族たちは、永牢処分の喜太郎・佐八郎の減刑運動を始めた。

先頭に立ったのは、喜太郎の娘・千賀《ちか》だった。判決の翌年、喜太郎の妻まさが亡くなったが、一七歳で才色兼備の千賀は、父喜太郎の代わりに入牢を嘆願した。

世論も同情し、その結果、安政四年（一八五七）一二月、喜太郎が出牢、続いて佐八郎や喜助の息子らの代牢願いも出された。

翌安政五年九月には、佐八郎・喜助および笠舞村九兵衛が出牢した。南部の久次郎は牢死したが、事件で有罪とされた生存者は、すべて出牢となった。

これをもって、事実上、事件は終了したといえる。

その後、喜太郎・佐八郎・喜助らは、銭屋の再興に努力したが、これが行き詰まる中、文久二年（一八六二）、千賀（二六歳）が病死した。また、ショックを受けた喜太郎が、二年後に自刃した。享年五六。

二年後、佐八郎も病死した。五兵衛の息子三人の最期はあわれであった。

なお、喜太郎の一人息子の余計松《よけまつ》は、一六歳になった元治元年（一八六四）、余三郎と改名して「清水屋」の屋号で商売を始め、数艘の北前船で海運を行なった。しかし、明治一四年（一八八一）には、店じまいをして青森へ転住している。

（五）銭屋の海外貿易―密貿易説の真相

密貿易の真相

銭屋五兵衛は、「国禁を破り密貿易をやった豪商」として知れ渡り、明治二〇年（一八八七）代に流行した偉人伝で誇張されたりして、一般にも普及した。

① 千島カムチャツカ近海でロシア船と交易した。
② 朝鮮近海鬱陵島《うつりょうとう》付近で外国船と交易した。
③ 三宅島・八丈島より南洋方面まで発展した。
④ 豪州南方のタスマニア辺りまでも渡航した。
⑤ 北米合衆国西海岸に渡航した。

など。しかし根拠は至極あいまいで、伝説的要素も強いようだ。その一方、まだ確証がないことから、海外貿易を全然否定する説が存在するなど、諸説が入り乱れている。

では、なぜ「密貿易説」が生まれてきたのか。その背景は何か。―まず、主な説をあげると、次の五説になるようだ。

① 北米渡航説

岩田以偵『商人立志寒梅遺薫』（明治二〇年三月発行）は、

・天保三年（一八三二）四月、五兵衛を乗せた太平丸が択捉島《えとろふとう》に向かう途中、大風により漂流し、北米サンフランシスコ西方のプレイタンに漂着した。
・生き残った五兵衛と六人の水主は、北米の進んだ製造業を見聞した後、下田に送還された。
・翌四年、五兵衛は再び太平丸でプレイタンに行き、サンフランシスコの豪商と密貿易をした。

としている。これを最初として、『帝国実業家立志編』（梅原忠造編、明治二四年発行）、『内外豪商列伝』（坪谷水哉著、明治二六年発行）、『銭屋五兵衛』（国府犀東著、明治三〇年発行）等以下の諸書が、いずれもこの説を継承、五兵衛の渡米説は広く知られている。

しかし、これらの説は、当時流行した漂流記などに着想を得たフィクション性が強いと思われる。

②　竹島での交易説

天保七年（一八三六）に、浜田藩で起きた密貿易事件をヒントにして、暴風雨で竹島（鬱《うつ》陵《りょう》島《とう》）に漂着した五兵衛は、たまたま通りかかった米国商船に助けられ、無人島の竹島で定期的に交易する約束をした、という話が、明治二〇年代の偉人伝で利用された。

しかし、事実か否かは不明で、浜田の今津屋八右衛門の関わった浜田藩竹島（鬱陵島）事件（本稿第五章四参照）に影響された面もあるのだろう。

ただし、加賀藩改作奉行・石黒堅三郎の覚書に、竹島付近における銭屋の交易を、肯定したとも否定したともつかない書きぶりがあり、朝鮮など異国との交易は、むげに否定できないだろう、という見方もある。（鏑木勢岐『銭屋五兵衛の研究』銭五顕彰会）

③　薩南諸島における対英国交易説

銭屋の船が、薩南諸島で英国人と交易した形跡のあることは、川島元次郎らにより報告されている（南国史話所収、「銭五の密貿易船の行方を尋ねて」）。このことに関しては、本稿第五章三（六）（「薩南諸島における薩摩・加賀船の対英国交易説」）で詳しく述べたが、そのポイントを紹介すると、次の通りである。

・銭屋の船が、ときどき坊主《ぼうのつ》（鹿児島県坊津）に入津して風待ちをなし、どこへともなく出帆した。

・銭屋の船の乗組水夫・清水九兵衛の談話に、密貿易所は暖国の海島であること、花降銀と交換した貨物は、毛氈《もうせん》などの毛織物、すなわち欧州産の商品であることなどから、口永良部島《くちのえらぶじま》にいた英国人と交渉があったらしい。

・口永良部島の密貿易所を、一つには「白糖方」と称し、白糖を産したことがある。銭屋五兵衛は多く舶来糖を有し、越後の菓子商と謀って「越の雪」と称する菓子を新製したらしい。銭屋が遠く洋上に出かけて、外国人と交易をしたことは、清水九兵衛（五兵衛の外孫）の談話にも見えているが、この口永良部島もその密貿易の一箇所だった、という。

・銭屋五兵衛が密貿易を営んだが、ことが露見《ろけん》して牢死すると、このことが直ちに薩摩藩に聞こえた。その結果、同島の密貿易所たる英国人居住の洋館は、たった一日で取り壊され、用材などは木片すら残さず、ことごとくどこかに持ち去られた、というのだ。

ただし、これらの説は、薩摩藩の密貿易をヒントに、口永良部島の人びとが語り継いだフィクションの可能性もある。また、英国人と薩摩の密貿易というのは、開国後の薩摩藩と英国と親しい関係を混同した誤伝であろう、と否定する見方もある（木越隆三『銭屋五兵衛と北前船の時代』北國新聞社）。

④　ロシア人との交易説

・ある年、五兵衛は択捉島付近でロシア船に出会い、逃げようとしたが大船に迎えられ、貨物の交換を行なった。

・今後も交易することを約束して別れた。

という説がある。蝦夷地の交易場所―樺太などへ、銭屋の船はしばしば航行したので、ありえない話ではないが、五兵衛自らが蝦夷地に行ったことはないようだ。

永井柳太郎の戯曲では、この説を巧みに取り入れ、五兵衛の世界認識の大きさと、海外貿易にかけるロマンを描いている。関連して、五兵衛らの処刑があったのち、嘉永六年（一八五三）冬、長崎に来航したロシア船（プチャーチンの船といわれる）のある者が、

「加州より毎年、米二万石ロシア領へ送ってきたが、近年は止まっている。どうか再開してほしい」

と幕府の役人に伝えたと、金沢城の加賀藩首脳のもとに連絡が入ったという。

この情報に関心を示す向きもあるが、疑問点が多い。この怪情報に接した加賀藩家老中川典《のり》

義《よし》は、銭屋の容疑はあくまでも投毒だけで、密貿易など取り上げるに足りない、と一蹴している。しかし、鏑木勢岐『銭屋五兵衛の研究』（銭五顕彰会）によれば、

・ロシア船との間にコメを取引していたことは隠れもなき事実であって、加州側の当事者が五兵衛であることは、藩当局も暗黙のうちに認めている。

・五兵衛（銭屋）が北海（北方）に航して、千島・蝦夷等でロシア人と交易したことは、当時の実情に照らして首肯される。

・明治初年、沿海州方面へ渡航した船頭の話にも、彼の地に銭屋五兵衛の記念物があったことを伝えている。現に、それを目撃して来た船業者もいる。

・天保二年（一八三一）、高田屋嘉兵衛の弟・金兵衛が密貿易の嫌疑で取調べのうえ取り潰しの憂き目にあった。その没収船のうち一、七〇〇石積の一艘を、五兵衛が払い下げを受けている。これは、五兵衛の船が同方面へ進出して、高田屋関係者らと顔なじみだったことを、物語るものだ。

としている。

このほか、銭屋が蝦夷地の取り引きで入手した蝦夷錦・毛皮・鷲羽・青玉を所持していたので、樺太の山丹人《さんたんじん》と密貿易した（「山丹交易」）との説もあるが、前述の加賀藩の足軽らの調査で否定されている。

注① 山丹交易…江戸時代に山丹人（ウィルタ族、ニブヒ族など沿海州の民族）とアイヌとの間で主に樺太

を中継地として行われた交易。山丹は山旦、山靼とも書く。山丹人は清国製織物、玉などを持って樺太に来て、アイヌは猟で得た毛皮、和人との交易で得た鉄製品、米、酒などと交換した。広義には清朝が黒龍江（アムール川）下流域に設けた役所との朝貢交易を含み、山丹人―アイヌを介して、松前藩に交易品がもたらされた。

② 一説では、蝦夷地や択捉島《えとろふとう》でロシアと交易し、礼文島には「銭屋五兵衛貿易の地」の碑が建てられており、樺太ではアイヌを通じて山丹《さんたん》交易を行なったといわれる。

⑤ タスマニア渡航説

・明治一九、二〇年（一八八六～八七）頃、オーストラリアに渡った軽業師《かるわざし》の一行が、タスマニア島で、「かしうぜにやごへいりょうち」という文字が刻まれた石碑を見た、と報告した。この話は疑問はあるにしても、かなり流布された。遠藤雅子の著書『幻の石碑』は、この石碑を見た軽業師の行動を、タスマニアの新聞などで確認し、作り話でないことを示された。

銭屋とタスマニアの捕鯨船が、何らかの交流を持つ可能性は見えてきたが、これをもって、銭屋の海外貿易の根拠にするのはむずかしいだろう。

注・五兵衛自らが香港、アモイに出向き、一説ではオーストラリアのタスマニア島にも領地を持っていたという説もある。

〔関連〕山林買占め事件との関わり説

この説は、次のような内容である。

・弘化元年（一八四四）、江戸城で火災があり、以降、嘉永三年（一八五〇）にかけて江戸では頻繁に火災に見舞われた。

機敏な銭屋五兵衛は、会津地方の山林に着目し、かつて買収の契約を結んでいた。

・嘉永四年、また江戸城西丸で火災があった。幕府はその再建の用材を会津藩に命じたが、意外にも、この地方の山林がいつの間にか銭屋五兵衛の所有に帰していた。

・この山林買収は、銭屋が加賀藩の了解のもとに行なっていたので、その裏には、何人かの藩士も関係していた。一方、会津藩は親藩であり、こんどの江戸城西丸再建の奉行を命ぜられていたので、直ちに加賀藩へ抗議してきた。

・幕府の鼻息をうかがう立場の加賀藩は狼狽《ろうばい》し、契約者の五兵衛に、全責任を被せようとする策をとった。

ただ、この問題だけで銭屋を罪に陥れようにも、監督官庁としての責任は免れない。藩士も関係しているとなると、なお更だ。

・ときたまたま、河北潟魚毒事件がぼっ発したので、加賀藩は自らの窮地を脱するため、もっぱら投毒問題を表面的な理由として、五兵衛を陥れ、山林問題をうやむやのうちに葬ろうとした。

というのである。この説の信憑性《しんぴょうせい》については軽々しく論評しがたいが、副次的な要素として絡んでいる可能性は否定できないように思う。

このほか、弘化三年、『東洋漂流記』という編纂物が、銭屋文書の中にある。船頭次兵衛が操る銭屋喜太郎の持ち船が、弘化二年（一八四五）安房《あわ》沖で遭難し、数カ月漂流した記録であるが、どこへ漂流したかははっきりしない。編者は「水辺漁民　河合篤治」と名乗り、純粋な記録というより疑獄事件後の創作のように思われる。

その他のエピソード

①　八田ミミズの逸話

関連する逸話として、河北潟湖畔の八田村付近には非常に大きなミミズが生息したという逸話がある。

人びとが捕獲してウナギの餌にしていたが、昭和四〜五年頃、東北大学教授・畑井新喜司が研究したところ、セイロン（現スリランカ）、ジャワ、フィリピンなどの熱帯に生息している種類のものと判明したという。

このことから、ミミズは銭屋の海外貿易に由来するものではないか、と推測する説もある。

②　勝海舟の述懐

幕臣・勝海舟は、銭屋五兵衛疑獄事件当時、幕府の軍艦奉行をしていた。その海舟翁を、かつて国府岸東氏が東京大学の学生だった頃、銭屋五兵衛の伝記執筆取材のため訪問したことがある。そのとき、海舟は、

「銭五のやるようなこと（外国貿易）は、幕府では大目に見ておったのである。それを加賀藩の方で、勝手に大騒ぎをやってとうとう殺してしまった。銭屋がどのような仕事をやっていたかは、加賀藩では幕府が知らないと思っていたのだろうが、そんなことはみな、わかっていたのである。それを加賀藩が下手をしてしまったのだ」

と話したという。幕府は銭屋の密貿易を、早くから知っていたものと思われる。

鏑木勢岐氏の銭屋海外貿易説肯定論

銭屋五兵衛の研究者・鏑木勢岐氏は、これらのことや、銭屋疑獄事件当時、生存していた関係者・近親者が銭屋の外国貿易をそれとなく肯定していることから、銭屋の海外貿易説を一概に否定すべきでない、としている。

また、加賀藩と銭屋の密貿易との関係については、確証を得られないが、同藩は五兵衛の才覚を認めて御手船を裁許したり、多大の援助を与えていたのだから、その密貿易を知らぬはずはない、暗にこれを黙認していたのではなかろうか、とも述べている（鏑木勢岐『銭屋五兵衛の研究』銭五顕彰会）。

微妙かつ難しい問題ではあるが、筆者としては、これまで述べたことや第五章三（「薩摩藩と豪商浜崎太平次の深い関係」）などを総合すれば、やはり銭屋の海外貿易説を一概に否定することはできないのではないかと考えている。

（六）銭屋五兵衛を評価すると―時代とともに変化―

事件後、なぜ、これほど多くの密貿易説が生まれたのか。

銭屋疑獄事件の判決が出た翌年（一八五四）三月、日米間で和親条約が結ばれ、鎖国時代が終わった。その四年後、通商条約が米国など五カ国との間で結ばれ、箱館など三港が通商貿易港として開かれた。五兵衛があと四、五年長生きしておれば、海外貿易を自由にできたことになる。

銭屋五兵衛に対する世間の評価は、時代とともに変化している。顧みれば、五兵衛はかつて「加賀藩の権力者と結びついた政商」として批判されてきた。しかし、明治期以降になると、その評価は一変するのだ。

「徳川幕府の鎖国体制に反抗し、海外貿易を先導した偉人」であり、加賀藩の保守政治の犠牲になったとされた悲劇的人物だったと…。

銭屋五兵衛の八〇年の生涯を振り返ると、前半生は平凡な宮腰の商人で、彼の非凡さが現れるのは隠居（文政八年、五三歳）してからで、五〇歳を過ぎて存分に存在感を発揮した。

彼の功績は、藩営海運事業を加賀藩とともに実行したことにある。これには、藩重臣との親交や、藩財政への貢献が、その前提になった。

しかし、いわゆる〝大名貸し〟に失敗し家業を潰した例は多く、商人にとって最も慎重さを要するのは、対大名や対幕府だった。五兵衛もその辺はよく心得ていたようだが、四〇歳のとき、「材木問屋職」に就任した頃以降、スタンスを変えたように思う。

持ち船を増やし、隠居所に移った六四歳（天保七年）までに、一五艘余りの銭五船団を作り上げ、加賀藩と堅く結びついた。

次いで買い積み商売、藩米輸送へと手を広げる。五兵衛は船に乗らず船主に徹し、廻船問屋、荷受問屋、呉服店などを兼営する御用商人型の海商だった。また、かなりの土地を集めた地主でもあった。

なお、余談になるが、銭屋五兵衛は俳諧や茶道をたしなむ文人でもあった。俳諧《はいかい》にはことに熱心で、亀巣《きそう》・松帆軒などの俳号を持ち、多くの句を詠んで「句会」を開いたりした。

文政四年（一八二一）二月には、俳諧の友人たちと一カ月半の寺社巡拝の旅に出て、長野・善光寺、日光東照宮、江の島弁天、江戸の浅草寺、久能山東照宮、名古屋・熱田神宮などを廻り、『東巡紀行』という旅日記に記録している。

五兵衛の影響で、喜太郎・佐八郎・要蔵の三兄弟も、俳諧や連句に親しんでいる。

注・銭五の館（金沢市普正寺町）　石川県銭屋五兵衛記念館（金沢市金石本町）

三　越前河野浦の北前船主・右近家の雄飛

（一）越前河野浦―日本有数の北前船主・右近家を輩出―

越前河野浦（旧河野村＝福井県南条郡南越前町河野）は、福井県の日本海側、越前海岸の南端（敦賀湾のほぼ入口）にある。かつてこの地を拠点に、北前船で日本海を雄飛した二大船主（右近家、中村家）がいたことは、あまり知られていない。

河野浦のわずかに残された平地には、家々が帯のように密集して集落を形成しており、現在は国道三〇五号が海岸沿いに走っているが、このような道路もかつては無く、河野浦をはじめとする多くの集落は海に向かって開かれた〝海村〟であった。また、河野浦や隣接する今泉浦は、昔から府中（武生。現越前市）～河野・今泉～敦賀～京都を結ぶ海陸交通の要衝として栄えてきたところだ。

府中からの登り米は、馬借街道を経て河野・今泉浦から船で敦賀に運ばれ、陸路、京都へ運ばれた。

河野浦における北国船（北前船以前）の初見は、室町時代の天文年間（一五三二〜五四）頃といわれ、河村瑞軒が寛文一二年（一六七二）に開拓した「西廻り航路」以前に、敦賀を基地として、松前・津軽など北方航路に乗り出している。

「河野・今泉は小敦賀でござる」といわれるように、漁業はせず、ほとんどが船乗り稼業で、裕福な暮らしをしていた。河野浦の右近家、中村家の船のほか、敦賀、小浜の船主の船にも、大勢が乗り込んでいた。

恐らく江戸前期に松前に進出した近江商人が、ニシンなどの産物を敦賀・小浜湊へ輸送するために共同雇用した廻船（〝荷所船〟）として、松前〜敦賀・小浜間を往来した運賃積み廻船だったと思われる。つまり、河野浦の廻船の多くは近江商人の〝荷所船〟として、活躍していたようだ。

近江商人・西川伝右衛門の史料によれば、元文〜宝暦期（一七三六〜六四）にかけて「鰊荷所」を運んだ船主の中に、河野浦の中村三郎右衛門（三之丞）や右近権左衛門らの名がある。

荷所船に乗り組んでいた北陸の船主や船乗りたちが、自前の船で蝦夷地や瀬戸内海から大坂で活躍する（反面、近江商人の地位は低下した）ようになったのは、安永・天明（一七七二〜八八）期以降である。

なお、宝暦一一年（一七六一）、河野浦の戸数は六二軒、人口は三二四人で、江戸時代を通じて福井藩領であった。

河野浦の船主たちは、北前船主として運賃積みによる廻船経営を行ないながら、自ら仕入れた商品の売買により利益を得る買積み経営も行なうようになった。ただし、この買積みによる廻船経営が順調に行なわれたわけではなく、船の難破や売損で潰れた船主も、多かった。

寛政一〇年（一七九八）には、四〇〇石積みの弁財船を中村三郎右衛門が三隻、右近権左衛門が一隻所有していた。

ところが嘉永期（一八四八〜五四）以降になると、右近・中村両家が急激に持ち船数を増加させた。右近家の場合、これまでわずか一〜二隻だったのが、安政元年（一八五四）には六隻、明治初年には十数隻を所有していた。

明治三年（一八七〇）の史料によれば、河野浦の海運従事者は九〇パーセント以上を占め、当時の河野浦はまさに海運を専業とする浦であった。その頃の河野浦では、一〇五軒のうち九三軒が海運に従事していたという。

要するに、右近、中村両家をはじめ、この地方からは、幕末から明治期にかけて日本有数の北前船主を輩出したのだった。

現在、河野浦には、旧道に沿って数軒の船主の家、屋敷が残されている。旧道の海側に倉庫・

土蔵群が、山側には船主たちの豪壮な屋敷構えが並び、ひときわ豪華なのが「北前船主の館・右近家」と「中村家（非公開）」である。

（二）右近家の歴史―日本海五大船主の一人

右近家のぼっ興とその活躍

右近家のルーツは、江戸時代前期に遡る。延宝八年（一六八〇）、河野浦の金相寺三代住職・漸祐は、四代目となる専祐の弟を寺の養女と結婚させ、田畑山林とともに船一隻を与え分家させた。

後年、名を馳《は》せた右近家も、その船出はささやかなものだった。先にも触れたように、代々の右近権左衛門の船は、他の河野浦のものと同様、近江商人の〝荷所船〟として蝦夷地と敦賀・小浜などを結ぶ日本海航路を往復していたらしい。一八世紀前半、元文から宝暦期にかけて、ニシン荷所を積んでいた船の中に、右近権左衛門の名がある。

一八世紀も半ばを過ぎ、宝暦から天明期のあたりには、日本海の海運を取り巻く流通構造が変化をきたし、〝荷所船〟として従事していた右近家の廻船にも、その影響が現れてきた。

天明から寛政期の右近家の経営記録『万年店おろし帳』によれば、右近家の廻船は、近江商人の〝荷所船〟として活動するかたわら、自ら商品を仕入れて販売する、いわゆる〝買積商い〟

も行なうようになっていった。

ただし、それは常に危険との隣り合わせである。商品の価格変動による損益のほか、寛政一二年（一八〇〇）のように江差沖で右近家の弁天丸が破船し、船を失うとともに、積み荷の商品二八〇〇両あまりの損害を蒙《こうむ》ることもあった。

こうした荒波にもまれながらも、右近家はたくましく生き抜き、飛躍の機をうかがっていたのだ。そして、その機は、九代目権左衛門の時代に訪れた。

なお、右近家は地元河野村に対して、社会資本整備などの点で大きな役割を果たした。例えば、明治初年、同郷の有志とともに、私財を投じて武生（越前市）から春日野を経て河野浦に至る「春日野新道」を開削し、この道路と河野浦―敦賀間の海路を利用する「河野敦賀海陸運輸会社」を設立している。

また、多くの船の乗組員を地元から雇用したほか、昭和一〇年（一九三五）に山腹に建設した西洋館に利用するため引いた「宮の谷水道」を、村民の利用に供した。

このほかにも、学校の校舎建築、神社の建て替えなどに常に多くの寄付をするなど、代々、郷土の発展に尽した。

〈九代目権左衛門〉

右近家は、代々「権左衛門」を名乗り、江戸中期（天明・寛政期頃）から明治中期にかけて、大坂〜蝦夷地を結び隆盛を極めた北前船主で、全盛期には、八幡丸ほか三十数隻の廻船を所有した。

幕末には、「日本海五大船主の一人」に数えられている。

九代目権左衛門は文化一三年（一八一六）に生れた。若い頃から右近家の廻船である小新造や八幡丸に船頭として乗り込み、各地の情報を収集するとともに、廻船経営のノウハウを、身をもって体験した。

この経験が、商機を逃さず、幕末から明治前期にかけての北前船全盛期を生き抜き、右近家を日本海沿岸有数の船主に仕立て上げた。

彼は従来から所有していた廻船に加え、同郷で姻戚関係にある中村三郎右衛門家や、商取引のあった大坂の問屋商人・和泉屋、近江屋などと廻船を共同経営する積極経営を展開する。

船が海難に遭うこともあったが、ひるむことなく次々と廻船を増やしたので、得られた収益も飛躍的に増大していった。

先代（八代目）の亡くなった嘉永六年（一八五三）時点で、右近家の廻船は三隻、利益は一、六〇〇両だったのに対し、一〇年後の文久三年（一八六三）には、廻船一一隻、利益は一二、〇〇〇両に達している。

廻船の船頭には、信頼のおける者が求められたが、九代目権左衛門は多くの男子に恵まれ、それぞれが船頭として〝右近家の船〟を支えた。

こうして、〝一航海千両〟といわれる時代の追い風を受けながら、右近家は莫大な利益を手中にした。

〈一〇代目権左衛門―近代船主への道〉

一〇代目権左衛門は嘉永五年（一八五二）に生まれ、先代同様、弟たちとともに、右近家の廻船に船頭として乗り込み、商才を磨いた。

明治という時代は、北前船が空前の活況からかげりをみせていく時代であった。新政府の近代化政策により、蒸気船が三菱や日本郵船といった大資本の手で日本海沿岸にも運航されるようになる。

一〇代目権左衛門も、父同様に積極的に北前船経営を行ない、明治一二年（一八七九）には、右近家の廻船一七隻の積石数の合計が一八、〇〇〇石を超えており、それは文字通り〝千石船〟の大船団であった。

しかし、時代は電信などの情報の近代化が進み、商品価格の地域差もしだいに縮まりつつあった。買積み商いによる廻船経営は、先の見通しがないことを悟った一〇代目は、明治二〇年代半ばには自らの所有廻船を西洋型帆船、さらには蒸気船に切り替え、大量の商品を運び、その運賃を稼ぐ経営に転換した。

隆盛を極めた北前船も、明治二〇年代に入るとしだいに衰えを見せ始めたが、右近家では、いち早く時勢を察して近代船主への脱皮に成功した。
日露戦争当時、右近家は蒸気船七隻を所有し、総トン数は二万トン余に達しており、名実ともに近代船主に脱皮している。
日清・日露の戦争には、右近家は数隻を軍用に供している。ちなみに、旅順港閉塞のため、広瀬中佐が乗り込み、散華《さんげ》された福井丸は、右近家の所有汽船の一隻だった。また、日露戦争が始まった明治三七年（一九〇四）、八幡丸が中村家の安静丸とともに、北海道沖でロシア水雷艇に撃沈されている。

一〇代目権左衛門は、海運業を続ける一方で、加賀、越中など北陸地方の有力な北前船主と手を組み、大手汽船会社に対抗する「北陸親議会」を結成し、「日本海運業同盟会」の一員となる一方で、次々と西洋型帆船や汽船を導入した。

注① 「北陸親議会」は、明治二〇年結成。二年前に郵便汽船三菱会社と共同運輸会社（三井系）が合併して日本郵船が発足、急速に日本海側へ進出してきたのに対抗する、北前船主の結束だった。中心人物は、越前河野の右近権左衛門、瀬越の広海二三郎、大家七平、塩屋の浜中八三郎、富山岩瀬の馬場道久らで、彼らはのちに「北陸五大船主」と呼ばれた。
② 「日本海運業同盟会」は、明治二六年、浅野セメントの浅野総一郎が加わって広く呼びかけ、結成されたもの。

また、最も関係の深い海上保険業への進出をはかり、明治二九年（一八九六）の「日本海上保険会社」（現在の「損害保険ジャパン日本興亜株式会社」の前身）設立にも大きな役割を果たし社長にも就任。海運業の同業者全体の保護育成につとめた。

注・日本海上保険会社は、昭和一九年に至り、大東亜戦争下企業合同の政府方針に従い、「日本火災保険株式会社」と対等合併して「日本火災海上保険株式会社」となり、平成一三年には、興亜火災海上保険株式会社と合併して「日本興亜損害保険株式会社」となるが、さらに平成二六年に株式会社損害保険ジャパンと合併して「損害保険ジャパン日本興亜株式会社」（本社東京）として、現在に至っている。

また、当時、進取の機運に溢れていた北海道などへ目を付け、倉庫を建設したり、炭鉱や農場を経営するなど、広い視野による多角経営で活躍を続けていった。

〈一一代目権左衛門〉

明治二二年～昭和四一年（一八八九～一九六六）。実業家。慶応義塾大学卒。日本海上保険会社社長。日本火災海上保険会社会長をつとめた。

なお、右近家は、第二次世界大戦ですべての船を失い、海運業から撤退した。

（三）右近家の建物と資料館としての「北前船主の館・右近家」

右近家の建物

右近家邸宅敷地は、背後に山を負った狭小な土地を、有効に利用している。邸内を貫く旧道を挟み、山側には住宅母家のほか、土蔵三棟と茶室一棟があり、海側には、海に向かって開く長屋門を中心に、土蔵四棟がある。

海側に向かって開く門は、海への敬虔《けいけん》な心を現している。昔は、屋敷の際まで海だったが、現在は、埋め立てで新道が作られ、海側の景観は変わってしまった。

現在の母屋は、天保九年当時の略平面図と比べてみると、これを基本に拡充整備した形で造られたもので、明治三四年に建て替えられている。

大工は大阪の人で、上方風の切妻造《きりづまづくり》瓦葺《かわらぶき》二階建てになっており、内倉、浜倉を配している。また、これらの材料は、すべて北前船が産地から運んだとされ、豪勢なたたずまいの中に、上方文化を取入れた繊細な造作を見ることができる。

背後の山腹には、一一代右近権左衛門が設計・施工を大林組に依頼し、昭和一〇年（一九三五）に完成した西洋館と庭園があり、日本海を眺めることができる。西洋館の外部は、一階がスパニッシュ様式で、二階がスイスのシャレー風に、内部は和洋折衷になっている。

材質は選び抜かれた最高のもので、デザインの完成度も非常に高く、タイルやステンドグラスなど細部への心配りが美を感じさせてくれる。平成二一年（二〇〇九）一月、「旧右近家住宅西洋館」として、国の登録有形文化財になっている。

資料館としての「北前船主の館・右近家」

右近家の建物は、昭和六〇年代に、一二代目右近権左衛門家当主・右近保太郎が「北前船の歴史むら」事業に賛同、本宅などを村の管理に委ねたのを機に、平成二年（一九九〇）五月、建物公開・資料展示を目的にした資料館として開館。北前船によってもたらされた多くの文化遺産の保存とその活用に寄与している。

正式名称は「南越前町北前船主の館右近家」。所在地は福井県南越前町河野第二号一五。

建物は明治期の本宅、土蔵や昭和初期に建てられた西洋館からなる。（村の旧道を挟んで、山側に母家と三棟の土蔵、茶室一棟、海側には海に向かって開く長屋門を中心に四棟の外蔵が建っていることは、前述した）。

明治三四年（一九〇一）に建て替えられた母家や土蔵は、その材料を北前船で産地から運んだという豪勢なもの。切妻造りの二階建てで、桟瓦葺《さんかわらぶき》であった。

右近家の主力船だった八幡丸の船模型も展示されていて、内部はケヤキやヒノキ材の太い柱を用いた、非常に豪勢な造りになっていた。

右近家から寄託された二万点あまりの古文書は、関係機関・団体などにより整理され、平成八年（一九九六）、「右近権左衛門家文書目録」を発刊。館の隣に「河野村歴史ふれあい会館」（一階・郷土資料の展示、二階・図書館）が建設された。

右近家の新規事業と北海道

右近家は、明治二〇年代に小樽港で倉庫業を開始。同三〇年代には、海上保険業や北海道・岩内での炭鉱経営を手掛けた。

一時期、大阪第四十二国立銀行の経営にも参画している。さらに、同四〇年代には農場経営にも携わった。

〈小樽の旧右近倉庫〉

小樽市色内町一〇—一八。三棟並んだ倉庫群の北の端の大型倉庫。明治二〇年代の建築。小樽市指定歴史建造物の木骨石造り平屋建て。中央に出入り口、左側に搬出口がある。

右近家の西洋型船など

右近家の西洋型帆船は、明治二一年（一八八八）の岩田丸に始まり、同二〇年代後半に海静丸、為朝丸、幸吉丸、同三〇年代後半に第二八幡丸、第三八幡丸を所有するに至った。

また蒸気船は、明治二八～二九年頃に導入したようで、南越丸、河野浦丸、勝山丸、福井丸、第二南越丸などを所有した。

北前船航行には、海難事故が絶えず、船乗りの間には、「板子一枚下は地獄」といわれた。船主・船乗りたちは、船内に神棚、仏壇を祀り、航海中でも著名な寺社の護符を授かるなど、神や仏の加護を祈り続けた。

河野村の八幡神社、磯前神社には、彼らが航海安全の祈願が成就し、無事に戻れたことを報告・感謝するために奉納した船絵馬、船模型、鳥居、石灯籠など数々の品が残っている。

四　富山の売薬業を支えた北前船並びに薩摩との「特別」な関係

（一）富山藩と北前船、売薬業の関係

第三代藩主・前田正甫《まさとし》のトップセールス

富山の北前船は、江戸中期から明治一〇年（一八七七）代まで、放生津《ほうしょうづ》、伏木、東岩瀬を拠点に活躍した。大坂（大阪）～蝦夷地に至る西廻り航路が開拓されると、コメを蝦夷地に運び、ニシン、昆布などを買い入れる蝦夷地交易と、越中米を大坂に運び、帰路に砂糖、塩、薬種、綿などを輸入する上方貿易に従事した。

文化文政期には、越中においてコメの増産とニシン肥料の需要があいまって、多くの裕福な海商が生まれ、「越中海運の黄金時代」が出現した。

一方、富山藩は寛永一六年（一六三九）、金沢を本拠とする加賀本藩第三代藩主・前田利常が隠居するとき、二男・前田利次に富山藩の分封を幕府に願い出て許され、富山藩が成立した。したがって、同藩は加賀藩の支藩だが、財政的には苦しい事情にあり、「売薬業」が大きな収入源となっていた。売薬業は藩の支えであり、藩も売薬業の振興・支援には相当に力を入れていた。これに関して、ひとつの興味深い逸話がある。

富山藩の第二代藩主・前田正甫は、製薬に興味を持ち、薬の製法を領内に広め越中売薬の基礎を築いた人だ。

富山売薬の「起源」は、近世中期以降に富山の薬種屋が書き上げた由緒書によれば、元禄三年（一六九〇）、江戸城に参勤していた前田正甫が、同じく参勤していたある大名（三春城主・秋田輝季《てるすえ》といわれる）の腹痛に苦しむ場（城内）に遭遇、正甫が反魂丹《はんごんたん》という薬を与えたところ、たちまち回復した。その話を聞いた諸大名が、自分の藩へも反魂丹を販売してほしい、と懇望したので、これが契機となり諸国へ売り広めることになったといわれる（「江戸城腹痛事件（正甫伝説）」。（『富山売薬業史史料集』所収の『反魂丹由緒書』による）。

注・細かくは、ほかにも諸説があり、江戸初期から福野町野尻（砺波郡）に伝わる風薬「五香」という煎薬が広く売られていたという話、小杉町にも能登に古くから薬を行商した話、立山町芦峅寺《あしくらじ》の山伏《やまぶし》が、熊胆などを生薬にしたものを諸国の檀家に売り歩いていた話が伝わる。また井波町やその周辺では、蚕の種紙業者がかなり広く他国へ出て種紙を預け、その孵化《ふか》した率によってお金をもらっていたという話も伝わる。城宝正治氏の研究によると、この井波町の例は売薬の先用後利とよく似ており、こちらの方が古いという。

富山売薬の中核は、「反魂丹」という気付け薬であるが、その元祖と伝えられる松井屋源右衛門の書き上げた由緒書によると、備前岡山の医師・万代常閑《もずじょうかん》が富山藩の二代目藩主・前田正甫に招かれ、調製したのが反魂丹の始まりで、松井屋が処方書の伝授を受け、反魂丹の看板を出して諸国に売り広めたのだという。

注・反魂丹が伝わったのは、天和三年（一六八三）のことだという。前田正甫が富山藩士・日々野小兵衛を長崎へと使いにやった際、道中に腹が痛くなった。そのとき、小兵衛に薬（反魂丹）を処方したのが、たまたま道連れになっていた万代常閑という備前の医師だった。藩主・正甫はよく腹痛を起こしたが、その際に小兵衛が常閑にもらっておいた丸薬を服用すると、たちまち治った。その効能を身をもって体験した正甫が、常閑を招き、反魂丹を献上させた。そして反魂丹方書は小兵衛が預かり、その後、城下町の薬種屋・松井屋源右衛門に伝授され、製薬に至ったといわれる。

つまり、藩主・正甫が松井屋に富山の薬を諸国に販売するよう命じ、松井屋は家伝の反魂丹のほかに、奇応丸《きおうがん》などを加えて売り広めたらしいのだ。

なお、売薬業は立山その他の山岳修験者《しゅげんじゃ》による修験売薬があったが、富山藩が力を入れた売薬業者がこれにとって代わり、元禄年間には、全国にわたる行商圏が確立されたという。

富山の「売薬業」の特色は、なんといっても、〝先用後験〟の配置制度をとっていたことにある。

最盛期には約三、五〇〇人の売薬りが、全国を股にかけて訪問販売するやり方をとっていた。

その際には「信用維持」が何より大事なので、商品の品質の維持にはかなり気を遣い、売薬の原料である「唐薬」の確保には、努力を惜しまなかった。それも、「そこまでやっていたのか…」と思えるくらいに、並大抵の努力ではなかったことが、最近、徐々にわかってきている。

「反魂丹《はんごんたん》」、「六神丸」など、全国ブランドの薬には、朝鮮人参、甘草《かんぞう》、龍脳、麝香《じゃこう》など、外国の原料が使われた。また、富山藩は文化一三年（一八一六）、「反魂丹役所」という役所まで設置して、売薬の奨励と取締りを担当させ、売薬の信用を勝ち取るための原料の吟味、製品の検査、「旅先心得」の制定などを行なった。

当時は幕府が海外貿易を独占し、長崎を通して行なっていたので、富山商人たちは当初、売薬原料の調達を、長崎にやってくるオランダ船や唐船に頼っていた。

しかし、この調達は大坂・道修町《どうしょうまち》の薬問屋に牛耳《ぎゅうじ》られていたため、一部を危険な抜け荷（密貿易）に頼らざるを得ない事情があったようだ。

北前船の活躍と越中富山

江戸時代に大坂～蝦夷地間の中間にある加賀（石川県）や越中（富山県）には、多くの廻船問屋があった。うち加賀と蝦夷地との関係で見ると、加賀からは、コメ、塩、味噌、筵（むしろ）、縄などを運び、帰りはニシン、昆布など海産物を大量に持ち帰った。

北前船は大坂~江戸間の運送をしていた菱垣廻船、樽廻船と似た構造だったが、幕府の鎖国令により、外国への渡航を禁じる目的で船の大きさが制限されたほか、帆柱は一本に制限されていた。また、方角は船磁石によってわかったが、六分儀で自分のいる場所を測定できず、沿岸の陸を見ながら航行し、順風が吹くまで湊（港）で風待ちすることも多かった。

このため、海での遭難事故も数多く発生していた。

加賀・越中の北前船の乗り組員は、毎年三月頃、徒歩で大坂に行き、ここで停泊していた船に雑貨、砂糖、木綿、銅、古着などを積み込んだ。大坂出航後は、途中の湊々（寄港地）で交易をしながら蝦夷地の松前や箱館まで行き、そこで昆布、ニシン、数の子などを仕入れた。そこを出ると、途中、木材や大豆、コメなどを積み込んで、一〇月頃に大坂に帰るのが一般的であった。

富山藩と財政難

富山藩は、越中国の中央部（概ね神通川流域）を領有した藩（支藩）で、その領地は今の「富山県」より狭かった。

注・明治四年七月の廃藩置県後になると、旧加賀藩領の礪波《となみ》郡、新川郡、射水《いみず》郡をも編入している。

なお、加賀藩は、加賀、能登のほか支藩の富山藩（一〇万石）や大聖寺藩（初め七万石、のち一〇万石）を抱え、全部で一二〇万石もの大藩（雄藩）だった。

富山藩は初め、婦負郡《ねいぐん》の百塚に城を築こうとするが、費用面で断念し、加賀藩領内にあった富山城を借りてスタートする。同藩は支藩ではあるが、家格は「従四位下・大広間詰」で、家紋は「丁字梅鉢紋」を使用した。

藩は後年の新田開発などで、享保年間には一四万石を超えていたといわれる。また漁業、売薬業、蚕種業、製糸業などに力を注ぎ、実質の石高は、二〇万石以上であったと思われる。

しかし、藩の成立時より財政は常に逼迫しており、上方や飛騨《ひだ》の豪商、本家の加賀前田宗家等から、多大な借財を抱えていた。これは財政が放漫だったためではなく、次のような事情が絡んでいたようだ。

① 分藩の際、本藩から過大な家臣団を押し付けられた。
② 藩領が急流河川域であったため、たびたび水害に見舞われた。
③ 天保年間に城下の大半を火災で焼失、安政年間にも大地震に被災した。
④ 本藩の加賀藩同様、「外様藩」であったが故に、幕命による再三にわたる公儀普請《ふしん》手伝いなどのため、過大な出費を強いられた。

(二) 富山の売薬業――〝越中富山の薬売り〟

売薬行商の元祖

〝越中富山の薬売り〟の名で全国に薬を売り歩く売薬業は、元禄期に始まり現在も活躍している。その特色は全国を股にかけて行商し、〝先用後験〟の配置制度をとったところにある。売薬は需要が多かったので、大和・伊勢・近江などからも売薬行商に出たが、富山の売薬は、その「元祖」と考えられる。

富山売薬の中核は「反魂丹」という気付け薬であるが、前述したように、その元祖と伝えられる松井屋源右衛門の書き上げた由緒書によると、備前岡山の医師・万代常閑《もずじょうかん》が富山藩主・前田正甫に招かれ、調製したのが始まりで、松井屋が処方書の伝授を受け、反魂丹の看板を出して諸国に売り広めたのだという。

つまり、藩主・正甫が松井屋に富山の薬を諸国に販売するよう命じ、松井屋は家伝の反魂丹のほかに、奇応丸《きおうがん》などを加えて売り広めたらしいのだ。

ただ、越中における売薬発展の地盤は、反魂丹以前に既に醸成《じょうせい》されていたらしい。それは、「立山山麓の芦峅寺《あしくらじ》・岩峅寺《いわくらじ》の御師《おし》たち」で、室町時代末頃から立山信仰の普及と登山参拝の誘導のために、全国を回っていた。その際、立山山麓の熊の胆《きも》や硫黄《いおう》を信者に配置したが、この方法を富山の薬種屋が見習ったのかも知れない。

享保一二年(一七二七)の富山藩の法令に、薬売りが他国に出るときの手続きを規定している。また、仙台藩領や出雲大社領へ元禄前後に富山の薬売りが入り込んでいるから、その頃には富山売薬の相当広い行商圏ができていたらしい。

売薬の原料については、第一〇代富山藩主・前田利保の業績も注目される。利保は本草学の研究に熱心で、『本草通串《ほんぞうつうかん》』九四巻、『同証図』五巻の著書があり、東田地方《ひがしでんじかた》に薬草園を設けたり、保養先の婦負郡の下ノ茗《したみょう》温泉で薬草の採取を行なったことがある。

ただし、これらは売薬原料を確保するほどのものではなく、一般的には原料薬を専門的に上方などから買い集める「薬種屋仲買い」が富山にいた。

幕末になると、原料薬の統制はさらに強化された。富山藩は嘉永三年(一八五〇)頃、藩営の「薬種会所」を設け、原料薬はすべてこの会所に買い上げ、それを薬種屋に売りさばかせた。

しかし、これは薬種屋の強い抵抗にあったものか、まもなく廃止された。

富山商人の組織――「組《くみ》」と「向寄《むかいより》」

当時、どこの藩も他国の商人が自藩で自由に商いを行なうことは許さなかった。そこで、売薬などは「鑑札制」となったのだが、一人ひとり申請するのでは効率が悪い。また、売薬商人の増加や行商圏の拡大に伴い、管理・運営が難しくなった。

そこで、富山の売薬商人たちは、自らを規制し売薬業の運営などをスムーズにするとともに、富山藩や旅先藩との交渉に当たる必要もあって、江戸後期頃から株仲間的な「組《くみ》」と「向寄《むかいより》」という組織を作っていた。具体的には、

① 「向寄」は、原則として、同一藩内に行商をする者によって組織され、

②「組」は、いくつかの「向寄」によって構成されるが、一国あるいは数カ国を単位とするものであった。

例えば、「薩摩組」、「奥中国組」などの「組」があり、「奥中国組」は作州津山・安芸・防長の「向寄」に分れていた。「組」の成立は明和期（一七六四〜七二）頃だといわれており、その数は、最初、一八組、

文化年間（一八〇四〜一八）に二〇組、さらに二一組、

安政年間（一八五四〜六〇）には二二組、

慶応年間（一八六五〜六八）には再び二一組

となった。また、売薬商人たちは、一年に二回りとして、二、〇〇〇〜二、五〇〇軒くらいを〝ヒトリアシ〟（一人脚）という単位を付けて、呼んでいた。

以下は『富山売薬業史史料集』による株仲間の分け方で、「組」の下のカッコ内の数字は、何人脚かを示している。また、それぞれの行の初めに書かれた「仁義礼智信」の五つの分け方は、明治六年（一八七三）の富山売薬行商の地域区分を示すものである。

仁―関東組（三八〇）・上総組（六六）・駿河組（四三）・信州組（一七二）

義―五畿内組（二六二）・北中国組（九四）・江州組（八二）・伊勢組（七七）

礼―九州組（一四〇）・四国組（四七）・中国組（九九）・薩摩組（二六）

智―美濃組（二〇六）・仙台組（三四）・秋田組（五）・南部組（三八）

信―北国組（七一）・越中組（？）・越後組（九六）・出羽組（六〇）・伊達組（八二）

合計　二一組　二〇九八人脚

一方、「向寄」は、内に存在するさらに小さなまとまり―同一藩内に配置する者の組合のようなもので、必ずしも一藩の全領域を範囲としていない。数藩に及ぶこともあれば、一藩の内部に細分化されることもある。

注・具体的に「奥中国組」を例に挙げると、前述したように、作州津山向寄・安芸向寄・防長向寄などのいくつかの向寄で、奥中国組は形成されている。

彼らは、この二種類の組織を通じて、自藩及び出先の藩と交渉し、利益の擁護と営業権の維持につとめた。また、富山藩へ諸益金を上納することで貢献する一方、代わりに同藩の保護を受け、営業独占の特権などを受けたのだ。

売薬の仕入れ、帳簿、行商のルールや実態など

売薬の仕入れは、富山の薬種屋で行われ、旅先や道中での仕入れは禁止された。

仕入れを終わると、「懸場帳《かけばちょう》」をもって旅立ちする。懸場帳は安定した得意先の帳簿で、売薬行商人相互の間で売買された。この帳簿こそ、売薬商人のほとんど唯一の財産であり、蓄財した売薬商人たちは、競《きそ》って有利な得意先のある懸場帳を買い入れようとし、没落する売薬商人は、この帳簿を手放さざるを得なかった。

売薬行商人は、通常、春秋二回、旅立った。「帳主《ちょうぬし》」といわれる経営者が単独で出かける場合もあったが、得意先が多いときは、数人の連人《れんにん》を雇って出かけた。

現地に着くと、帳主も連人も一定の土地の「定宿《じょうやど》」に滞在し、そこを根拠に一人づつ得意先を訪れた。出発と帰宅のときは、帳主が連人を招いて酒宴を張り、家族や親類も集まって労をねぎらう風習があり、留守家族の生活は、一般に極めて質素だった。

薬の種類は「反魂丹」が中心で、他に和漢薬の胃腸薬や感冒薬などがあった。販売の方法は先に述べたように「配置制度」で、得意先に一定量の薬を和紙の大きな袋に入れて預けて置き、次の行商のときに、その間に利用した薬の代金を受け取るのだ。

この方法は、消費者に便利で、行く先ざきで喜ばれた。

彼らは営業の安泰のため、仲間示談《なかまじだん》を定めてこれにしたがった。前述の旅立ちの日の規制以外にも、道中及び行商中は定宿のほか勝手に外泊が許されないことも、どの仲間示談にも明記していた。また、得意先との談合によって、誂品《あつらえひん》という薬以外の商物《あきないもの》を持参することを禁止し、売薬行商の専業を墨守《ぼくしゅ》した。

売薬行商は、長期の掛売《かけう》りによる零細な利益と、数と安定性をよりどころに積み重ねるものだから、相互の過当競争を極力避ける方法をとった。「重配置」の禁止、販売価格の協定、新《しん》懸《がけ》の限定などがそれである。

注・「重配置」とは、すでに売薬が配置してある顧客の世帯にかさねて配置することで、各行商人が得意先を確保し、経営を安定することの妨げになると考えられた。また「新懸」とは、得意先を拡大することで、営業の発展には必要だったが、過当競争になる恐れもにあった。それで多くの仲間組では、他の営業者に影響が全くない場合にのみ、新懸を認めた。

（三）富山藩の「反魂丹役所」の実態

富山の「売薬業」は、〝先用後験〟の配置制度をとっていたことに特色があり、最盛期には約三、五〇〇〇人の売薬りが、全国を歩き訪問販売するやり方をとっていた。その際は「信用維持」が何より大事なので、「商品の品質の維持」には気を遣い、売薬の原料である「唐薬」の確保には、多大な努力を払っていた。

一方、富山藩は「反魂丹役所」を置いて、売薬の奨励と取締りに当たった。この役所の成立期は明確でないが、明和年間（一七六四〜七二）説と文化・文政年間（一八〇四〜二九）説の二説がある。

売薬が富山藩第一の産業であり、ことに売り出し先が主として領外であったので、同藩は、売薬行商に大きな関心を示していた。「反魂丹役所」の設立の前にも、はじめは藩の「富山町奉行」、次いで「倹約奉行」が売薬行商の指導・統制に当たっていた。

「反魂丹役所」の奉行は武士だったが、その下に有力な町人による自治的組織が構成された。「上縮《うわしまり》」・「肝煎《きもいり》」、「調理役《しらべやく》」、「吟味役《ぎんみやく》」などがそれで、これらの役員が事実上、売薬の処理に当ったのだった。「反魂丹役所」の任務は、売薬の「統制」と「保護」にあった。

「統制」については、売薬の効能をよくするため原料の吟味、製品の検査を行ない、行商先の信用を得るため「旅先初諸心得」を制定して、不心得な行商人の取締りを行なった。「保護」の面では、主に金融による助成を行なった。藩は売薬業者たちに、「願筋《ねがいすじ》など何によらず当役所へ申し出るべき事」と規定していた。

なお、「反魂丹役所」は、天保八年（一八三七）、「産物方役所」の附属となった。

富山売薬は、江戸時代を通じて順調に発展し、行商人の数は、文化年間（一八〇四〜一七）一、七〇〇人、文久年間（一八六一〜六四）二、二〇〇人を超え、年間の売り上げ高は二〇万両にのぼった。この数は富山藩領だけであるが、ほかに放生津・水橋・滑川など、当時の北陸浜街道に沿う加賀藩領からも、行商に出た。明治二〇年には五、九〇〇人、現在は一万人余となり、年間の売り上げ高は一〇〇億円を超えるといわれる。

行商の経路は、初めは北陸道や飛騨街道を陸路他国にでかけたが、幕末には富山湾沿岸の四方《よかた》・東岩瀬・水橋・滑川などから船によって、北は蝦夷松前、南は下関を経て瀬戸内や薩摩・琉球にまで、文字どおり全国各地に出かけた。

行商の地域は、江戸時代には中部地方が最も多く、関東・東北・九州がこれに次いで多かったが、のちに滋賀・奈良売薬が近畿地方に勢力を拡大したので、富山売薬の行商圏は東日本に移動した。明治の中頃には、朝鮮・清国・ハワイのほかメキシコや南米にも輸出された。

（四）薩摩藩の内情および富山売薬商人との結び付き

原料調達に苦労—薩摩藩と富山売薬商人の利害が一致—

富山の「反魂丹」、「六神丸」など全国ブランドの薬には、朝鮮人参、甘草《かんぞう》、龍脳、麝香《じゃこう》など外国の原料が使われた。

しかし、当時は幕府が海外貿易を独占していたので、商人たちは当初、売薬原料の調達先を、長崎に来るオランダ船や唐船に頼っていた。だが、この調達は大坂・道修町の薬問屋に牛耳られていたため、先にふれたように、やむなく一部を危険な抜け荷（密貿易）に頼らざるを得ない事情があったようだ。

一方、薩摩藩は幕府から命じられた治水工事などのため、負債がかさんでいた。また、第八代藩主・島津重豪《しげひで》の近代化政策で西欧の技術を取り入れ、軍備の近代化、各種工場の建設などを行なったが、反面、多額の出費を余儀なくされ、文政一〇年（一八二七）には負債が五〇〇万両に達していた。

これを立て直したのが、後述（第五章三）するように重臣・調所笑左衛門《ずしょしょうざえもん》（広郷《ひろさと》）だった。彼は商人を集めて負債を無利子・長期年賦で返す策を強行する一方、偽金づくりや琉球を隠れ蓑とする「大規模な抜け荷」という大胆な策を実行した。

当初の取扱い品は、禁制品を除くわずかな物に限定されていたが、なし崩しに拡大し、大量の砂糖、唐薬などを取り引きした。代わりに、中国向け昆布などが大量に運ばれた。

ただ、薩摩藩自らが蝦夷地にまで昆布などを仕入れに行くのは大変だった。そこで、蝦夷地と関係が深く、唐薬を必要とし、かつ昆布の輸送に長じた加賀・富山の商人たちと利害が一致したのだった。

薩摩藩は、昆布輸出の代償として中国から薬種（竜脳・沈香《じんこう》・山帰来《さんきらい》・辰砂《しんしゃ》・麝香《じゃこう》・牛黄《ごおう》など）を得た。富山商人たちもこれを買っている。ただ、この貿易は薬種の密貿易（「抜け荷」）だったため、秘密にしておく必要があった。

一方、これも後述するが、薩摩半島の指宿《いぶすき》村湊（指宿市）には八代目浜崎太平次という商人がいて、調所笑左衛門と密接な関係があった。浜崎は一四歳のとき琉球に渡り、この地の物産に目をつけ、大坂で売って財をなした。

調所の行なった改革では、浜崎家は三島（奄美大島、喜界島、徳之島）砂糖廻送などに指名され、藩の海外貿易に加担した。そして、見返りに抜け荷（密貿易）を黙認されたようだ。

何度か「差留」を経験—薩摩藩のため情報を集めた「薩摩組」

薩摩藩は極めて入国が難しく、入国できたとしても帰るのが難しいといわれた。それにもかかわらず富山の売薬商人が入れたのは、合薬（数種の薬を調合した薬）自体が良かったことと、昆布の力が大きかった。

しかし、その富山の売薬商人でさえも、薩摩藩の「差留《さしどめ》」を何度も経験しているのだ。ちなみに、この「差留」とは旅先藩が行なった統制策のひとつで、領内での営業の免許を差し留めることをいう。

富山商人の「薩摩組」が「差留」されたのは、天明元年（一七八一）～安政二年（一八五五）間に計五回で、全部で二一組ある仲間組の中でも一番「差留」された回数が多い。

注・「差留」は享保年間に秋田藩でも行われた例があり、その狙いは領内での売薬をごく少数の商人にのみ制限し、売薬特権を与える代わりに、多額の運上金を納入させることにあったようだ。

薩摩藩による「差留」の原因は、次の三点にあると考えられる。

① 藩の財政窮乏・倹約令などの財政改革。
② 藩内の甚大な風水害被害の発生、藩自身で配薬を始めたこと。
③ 藩と富山藩の方針のずれ。

「方針のずれ」とは、富山藩と、「抜け荷」に力を入れてきた薩摩藩の動向が関連している。また、薩摩藩自身による配薬は、文政一〇年（一八二七）に始まっているが、弘化元年（一八四四）の冬、

「薩摩藩琉球方」に「製薬方」ができ、製薬方で作った合薬が安価で領内全域に配薬されることになった。それを受けて、薩摩藩は、行商を停止することを決定したという。

しかし、それにもくじけず、富山商人たちは努力した。薩摩組は必至で運動を行ない、そのつど、差留解除を勝ち取って来たのだ。

注・薩摩組が、「差留の解除」を勝ち取れた理由の中には、次のような例がある。

① 安永八年（一七七九）の桜島噴火災害で薬の需要が高まり、薩摩藩だけでは対応できなくなったこと。

② 薩摩藩が、薩摩組の行商範囲の広さや薬の効能を評価したこと。

③ 「冥加《みょうが》」、つまり毎年、薩摩組が薩摩藩九代目藩主・島津斉興へ冥加として鉛一五〇斤、熊皮一〇枚を上納したこと。

④ 薩摩藩の「製薬方」に雇われるという形で、富山売薬商人一七人の配薬が許可されたこと。

富山売薬商人の薩摩組は、幕末に薩摩藩の事情を察して、同藩への「影の助っ人」として宮嶋五兵衛・杉井伊兵衛の二人を、密かに送り込んでいる。両者は、寺田屋の変、鳥羽伏見の戦いの際にも、敢然としてその地に止まり、命を賭して大和・河内一帯の情報集めに東奔西走して任務を果たしたという。

その功を称えて、島津久光から宮嶋五兵衛には名刀・備前景光の太刀一振りと琉球の紺上布・白上布などが贈られたといわれる。

このような働きにより、当時の「差留」が解除されたらしいのだ。なお、吉沢屋（高桑家）も、幕末、京都の薩摩藩邸に勤めて、隠密として、さらには武器の輸送にも活躍したという。

薩摩藩内に設置された仲介機関

富山売薬商人にとっては、「他藩内部に協力してくれる者」の存在が必要だった。それが「仲介機関」であり、この機関に位置する人物を、「仲介人」といった。

「仲介人」に選ばれるのは、旅先藩での有力な在住者で、富山売薬商人は彼を通じて領内での行商の免許願い、差留の解除、無株の行商人の取り締まりなどを願い出た。「冥加金」の上納の交渉なども、彼を通じて行なった。

「仲介機関」は、すべての旅先藩に設けられる訳ではないが、主に薩摩藩、熊本藩、仙台藩、出雲大社などに設けられた。薩摩藩では、「下町年寄・木村与兵衛」が仲介人に当たる。

嘉永三年（一八五〇）に薩摩藩から受けた「差留」の際には、富山売薬商人は、木村氏の手先ということにして、行商が許されている。なお、売薬商人に融資も行なっていたようだ。

また、蝦夷地からの昆布を藩当局に送り込むことや、綿七八万斤、昆布一万斤あるいは四、〇〇〇貫、年間焔硝二〇〇〇貫余などの献上の仲介・指示を行なったのも、仲介人である木村氏だった。

（五）薩摩藩に対する「薩摩組」の昆布廻送

昆布廻送が開始されるまでの経緯

「昆布の献上」という形とは別に、富山売薬商人の薩摩組は、昆布の廻送を始める。薩摩藩は負債が五〇〇万両もあり、とても容易に返していける額ではなかった。そこで島津重豪・斉興は、調所笑左衛門に財政再建を担わせた。

一方、薩摩藩は中世の日明貿易の頃から中国と交易があり、藩は海外の情報収集能力に長けていた。また、中国では風土病が蔓延し、ヨードを含む昆布は「漢方薬」の原料として重宝されていたのだ。

寛永一六年（一六三九）に出された幕府の鎖国令により、外国との窓口は長崎だけに絞られたかのように見えたが、不測の事態が起きた際のための「補助貿易の窓口」として、「琉球」が選ばれていた。「唐物貿易」とは「琉球を通じた中国との貿易」のことだが、以上の理由で唐物貿易は「実質、幕府公認の貿易だった」といえる。

しかし、「公認」とはいっても、貞享三年（一六八六）に貿易量を減らすよう幕府に命じられた。にもかかわらず薩摩藩は、さらに安価な昆布を求めて、文化元年（一八〇四）頃から新潟へ向かっている。

一方、幕府は薩摩藩の貿易を「抜け荷」とし、見つかり次第、摘発すると決めている。その後、薩摩藩は二度の摘発を受けたうえ、長岡藩の新潟湊を没収されている。

これは、薩摩藩が日本海側の取り引き拠点を失ったことを示すと同時に、天保三年(一八三二)以降、薩摩組が献上していた昆布に期待をかけていくきっかけともなった。

「薩摩組」による昆布廻送事業と能登屋(密田家)の存在

富山商人の薩摩組は、弘化四年(一八四七)、仲介人・鹿児島町年寄木村喜兵衛から昆布輸送の資金を受けて昆布を運搬し始め、嘉永二年(一八四九)には、薩摩組が昆布廻船を担うようになった。

ここで注目されるのは、「密田家」だ。薩摩組を構成する商家のひとつでもある「密田家(林蔵家)」は、寛文二年(一六六二)に能登から富山町に移住して「能登屋」と号し、天保期には二隻の船を持っていた。

四〇〇石積みの中型船「栄久丸」と、六五〇石積みの「長者丸」で、ともに蝦夷地で昆布を買付けて、薩摩へ輸送していた。特に薩摩売薬では、六代・七代林蔵が仲間組の中心となっていた。

一八世紀後半以降、薩摩藩はたびたび「差留」を行なっているが、その際も、解除のため交渉に立ったといわれるなど、薩摩組を見ていくうえでは大変重要な家である。

密田家による昆布輸送事業は、きっかけが薩摩藩による「差留」を解除するという目的にあるため、売薬関連事業であると解説されている（富山市売薬資料館旧密田家土蔵開館記念展「密田家の売薬・能登屋のくすり」）。差留解除のために始まった昆布廻船だったが、薩摩組にも利益はあった。献上品の昆布一万斤《きん》はもちろん別だが、運んできた昆布は市場価格で買ってもらえたし、見返りに良質で安い薬種を売ってもらえた。

能登屋（密田家）は、昆布廻漕業（北前船）にも関わり財をなし、後年、北陸銀行の前身の一つである「第百二十三国立銀行」を発起人となって設立した富山有数の名家である。

なお、能登屋の持ち船の北前船「長者丸」（六五〇石積み二一反帆）は、天保九年（一八三八）、誰にも知られずに昆布を薩摩へ運ぶため、西廻り航路（日本海側）より危険な東廻り航路（太平洋側）を航行中、三陸の釜石唐丹《とうに》（岩手県）沖で遭難している（事件の詳細については、後述「別記」参照）。

（六）「薩摩組」の薩摩藩への貢献

「薩摩組」による情報提供等での貢献

天保六年（一八三五）一一月、薩摩の抜け荷船が新潟沖で難破し、新潟湊から少し離れた村松浜にその残骸《ざんがい》が打ち上げられた事件が発生した（後述第五章別記二参照）。

船板が薩摩船に特有のものだったこと、箱材には清国商人の荷印があったことなどから、幕府の調査が入った。

注・事件発生後、おそらく天領だった新潟の代官が幕府へ報告したものと思われる。

この件について、幕府お庭番（村垣淡路守？）の調査報告書があり、それによると、

「唐物の儀、長崎表より渡り候筈のところ、近年、異国人、海上において日本の船と乗り換え候由、多分は薩州商人どもの働きのおもてむきにて、…これは薬種そのほか積み込み、いずれの湊へも廻船乗りまいり、…北国筋へ目差し乗り下り候ものは、石州浜田、雲州筋の湊々にて少々抜け売りいたし、能登輪島へ入津、同所にて薬品そのほか琉球朱もっぱらこれあり」（『幕末遠国奉行の日記』）

としている。

天保一〇年（一八三九）三月七日、関係者の処罰が申し渡されたが、この評定のとき、本来出席すべき幕府寺社奉行の「牧野備前守忠雅」（越後長岡藩主）は欠席した。抜け荷の黙認、運上金の受け取りがあったといわれる。

この事件について、「密田家文書」（明和〜明治期の記録で、その数は一万点以上に及ぶ）の文久二年（一八六二）戌十月「願書留」の中に、

「先年、越後新潟において不正の売物を取り扱っていることが露顕したときも、私たちは何度か飛脚を用いて御内通いたしました」

というような趣旨のことが書かれている。この願書は、越中富山の売薬商人から、薩摩藩の

仲介人・木村喜兵衛に宛てたもので、「不正な売物」とは、薩摩藩が唐物貿易で輸出入した品物のことを示している。それが露顕、つまり幕府に密貿易が見つかった、という情報を彼らは薩摩側に伝えているのだ。

薩摩藩が命じた隠密御用

やはり「密田家文書」文久二年戌十月「願書留」に、

「御出発（「御発駕」）される際に私たちは極内御用を仰せつけられました。……四月には大坂において御役方様を御方へ御付添い申上げ、近江辺まで遣い置かれました。……同所から京都に御滞在中、また東海道筋江戸表までも恐れながら守護させていただきました。江戸に御滞在中の間もまた同じです。御帰国の際にも、恐れながら守護させていただきました」

という趣旨が書かれている。ここで言う「御発駕」とは、文久二年の島津久光の上京だと考えられる。その際の上京の経緯は、以下の通りである。

① 安政五年（一八五八）、二八代薩摩藩主・島津斉彬が急逝する。
② 弟・久光の長男・忠義が藩主となり、久光がその後見人として藩の実権を握る。
③ 文久二年、公武合体運動推進のためとして、久光が上洛する。

薩摩組は、久光の上洛で「極内御用」を仰せつけられ、またその御一行を「御守護」するのだということがわかる。ただ、「極内御用」の内容については詳しく書かれていないので、知ることは難しい。

次に、「密田家文書」の「隠密御用の骨折につき金子下渡の書付」によれば、「摂津《せっつ》」から下役人・木村喜次郎、越中富山之清太郎他五人に宛てて書かれたもので、「隠密御用」を請け負ってくれたため金子を渡します、というようなことが書かれている。

また、「越中富山之」以降に書かれた複数の名前のうち、五兵衛を金盛五兵衛のことだとすると、この書付が出された子の年というのは、元治元年（一八六四）だと推測することができる。

注・金盛五兵衛は、嘉永三年（一八五〇）に一五歳の若さで薩摩藩内での行商を開始し、三八歳で売薬の仕事を離れ、五一歳で亡くなった。

嘉永三年（一八五〇）に行商を開始してから、明治六年（一八七三）で売薬の仕事を離れるまでの二三年間に、子の年は嘉永五年（一八五二）壬子と元治元年（一八六四）甲子しかない。嘉永五年では、五兵衛は行商を始めて二年だ。

また、薩摩藩で起こった主なできごとは、一月に英国艦が那覇に来航し、強いて首里城に入ったことだけである。

それに対して、元治元年には久光らが朝議参与を辞す、西郷が入京にて軍賦役になる、池田屋事件なども、この年に起きている。

以上のことから、嘉永五年よりも元治元年が妥当であろう。また、差出人である「摂津」については、当時通称を「摂津」と呼ばれていた喜入久高ではないか、と推測される。

注・喜入久高は文政二年〜明治二六年を生きた薩摩藩家老で、島津斉彬・忠義に仕えた。天保八年（一八三七）に詰衆となり、番頭・用人・坊泊地頭職・大目付・鹿屋地頭職を歴任している。

久高は久光と同じく公武合体推進派であるから、主席家老に抜擢《ばってき》されている。久高が文久二年に上洛した久光を守護した富山売薬商人たちと面識があっても、不思議ではない。また、「隠密御用」の詳しい内容もここでは書かれていないが、金一〇〇両もの大金を渡されているということは、かなりの働きをしたと考えられる。

「薩摩組」と寺田屋事件情報

寺田屋事件は文久二年（一八六二）に起きた。

公武合体を推進するため上京していた島津久光が、薩摩藩の過激派藩士らを寺田屋に襲い粛清した事件だが、この事件について『海の懸け橋　昆布ロードと越中』（北日本新聞社編集局編）に書かれている。

「富山にいた金盛五兵衛は、久光の挙兵を薩摩にいる売薬の仲間から知らされ……杉井伊平とともに京都へ向かった。……京都の薩摩藩邸に着いた五兵衛と伊兵衛は……大久保利通から、「大坂の薩摩藩邸に入り、動きを探ってほしい。越中の売薬商人ならば、人手の足りない藩邸の手伝いのふりをしていれば怪しまれない」と頼まれた。……ある夜、五兵衛が邸内を回っていると……密談を耳にした。……五兵衛は一晩中歩いて武士たちを追跡し、京都の藩邸に急行、久光に‥‥即座に報告した。」

志士たちが寺田屋にいることを、五兵衛が知らせたことで、討幕への蜂起を阻止できたというのだ。ただ、『島津久光公実記』など薩摩側史料にこのことを記する記述はない。

富山側史料にも『海の懸け橋　昆布ロードと越中』以外に五兵衛のこの活躍に関するものは見当たらない。またその書籍も出典が書かれていないので、事実か否か疑問が残る。

しかし、金盛五兵衛は金一〇〇両をも渡されるほどの隠密御用を命じられた人物で、手柄をたてた褒美《ほうび》として久光から贈られた太刀が金盛家に伝わっているというから、五兵衛の働きがあった証拠であろう。

（七）「薩摩組」と薩摩藩の関係（まとめ）

富山売薬商人の姿や、薩摩との関わりを追ってみたが、そこから見えてくるのは、次の四点である。

①「行商を絶対途切れさせない」という意志の強さが見える。薩摩組は五回も差留を受けているが、そのたびに条件を呑み、差留の解除に導いてきた。本来の仕事ではない昆布廻船を請け負ったことも、利益を得られるとはいえ、差留を解除してもらうことが最優先だったからだろう。

②　商売をさせていただいている、という感謝の気持が、端々から感じ取れる。これは『密田家文書』の中でたびたび出てくる「御恩」という言葉や、久光の上京に守護として付いて行っていることからも伺える。
③　富山売薬といえば、先に使ってもらって利はあとだ、という先用後利という言葉が有名で、何より「信用第一」なのだ。
④　何度も差留を受けながらも、最後は「志士たちの動きを探ってほしい」と頼まれるまでになった。意志を強くもって真面目に行商に向き合い、常に恩を忘れない、そうした売薬行商人の性格が顧客の信用獲得に繋がり、何代にも渡る付き合いを生むのだろう。
＊第四章四をまとめるに当たっては、特に村田郁美（吉村亨ゼミ）『薩摩組の働きから見る富山売薬行商人の性格』を参考にさせていただいた。紙面を借りて御礼申し上げたい。

〔別記〕〔長者丸の遭難事件〕

「長者丸」は、富山古寺町で薬種商を営んでいた「七代目能登屋兵右衛門（密田家）」の持ち船で、六五〇石積みの小型の北前船である。

七代目能登屋兵右衛門は、薩摩藩入国を許されていた売薬薩摩組二六人脚の一人で、琉球からもたらされる「抜け荷」の輸送に、大きな役割を果たしていた。

ふだんは、加賀の商人が力を持っている箱館から昆布を積んで薩摩に向かい、見返りに琉球からの唐薬、砂糖などを積んで帰っていた。

天保九年(一八三八)四月、長者丸は富山藩の御廻米五〇〇石を積んで岩瀬湊(西岩瀬浦。現富山市八重津浜)を出港し、五月下旬に大坂に着いて、富山御蔵役人へ御米を引き渡した。その上で、綿や砂糖などを仕入れ、あわせて新潟行きの運賃荷物を積み込んで出帆した。同年七月に新潟へ廻り、八月中旬に松前湊に着いて、乗組員一同は上田屋忠右衛門方に止宿した。船頭の平四郎は、元々の船乗りではなく、渡海しながら品物を買い付け、売り渡して利ザヤを稼ぐために乗船していた。

なお、このときの長者丸の乗組員は一〇人で、その内訳は次の通りである。

船頭　吉岡平四郎(五〇歳)　富山木町　天保一〇年、ワホで病死
親司　京屋八左衛門(四七歳)　長徳寺　嘉永元年、江戸で病死
親司　片口屋八左衛門(五〇歳)　放生津
*東廻りを望まず、金六(四七歳。越後)と途中交代(金六は天保一〇年、投身自殺)
片表　善右衛門(四〇歳)　四方　天保一〇年、船中で病死
岡使(知工)　鍛冶屋太三郎(三七歳)　東岩瀬　嘉永二年、病死
*事務会計係
追廻　土合屋六兵衛(三一歳)　放生津　天保一四年、帰国
片口屋七左衛門(二三歳)　放生津　天保一四年、江戸で病死

炊《かしき》

米田屋次郎吉（二六歳）　東岩瀬　天保一四年、帰国
五三郎（二五歳）　四方　天保一〇年、船中で病死
中野屋金蔵（一八歳）　放生津　天保一四年、帰国

注・一〇人のうち金六は、前任の者が箱館で船を降りてしまったので、表方として臨時に雇われた乗組員（越後国岩船郡早田村出身）だが、のちに遭難した責任をなじられ、四カ月の漂流後に投身自殺。

この船は、以前に佐渡や能登方面で売薬に従事した経験もあり、薬も重要な品物のひとつだった。松前で積み荷の売却や、薩摩向けの昆布の買い付けに従事したが、集荷に手間取り、天保九年（一八三八）九月中旬になって、ようやく昆布五〇〇～六〇〇石を買い付け、松前、箱館で積み込むことになった。

ここで船頭が、初めて太平洋経由東廻りを行くことを打ち明けた。その際、放生津の八左衛門は、東廻りを希望せず、箱館で越後の金六と途中交代した（金六は、東廻り巧者として水先案内の役割を期待され乗船したようだ）。

ふつう、北陸地方の北前船は年に一～二度航海して、旧暦九月も過ぎると海が荒れるので、日本海を南下し岩瀬、放生津で船仕舞いをしていた。しかし、船頭平四郎は、船主の能登屋から岩瀬出航前に、松前で昆布を積んだら東廻りで薩摩の油津か、志布志に行くよう、指示されていたようだ。

この頃から、いわゆる「昆布ルート」ができあがっており、蝦夷地―薩摩―琉球―中国へと

交易され、中国から貴薬に用いる原料も売薬商人に渡されていたと思われる。越中売薬商人と薩摩藩との持ちつ持たれつの関係は、明治維新まで続いていたようだ。

昆布などを満載した長者丸は、一〇月上旬頃、松前を出航して太平洋側の東廻り航路へ進み、三陸海岸を経由して一一月上旬、釜石唐丹《とうに》湊（岩手県）に着いた。

注・この頃、薩摩では、指宿の豪商・浜崎太平次が長者丸の輸送する昆布を待っていたともいわれる。

長者丸は、一一月二三日、この湊を出航した。しかし、朝四時頃、長者丸は唐丹湊沖で大暴風雨（西風）に遭って遭難し、以後五カ月もの間、太平洋上を漂流した。

その間に五三郎、善右衛門の二人が船中で餓死《がし》。金六が投身自殺して七人になっているところを、翌年四月、米国の捕鯨船《ほげいせん》「ジェームス・ローバー号」に救助された。

当時、太平洋は米国捕鯨の最盛期で、五〇隻以上の捕鯨船がアメリカ東部ボストンに近いナンタゲット島から南米の先端を回って、太平洋に進出し、ハワイを基地にしていた。（のちに米国は、これらの捕鯨船に水、食料などの補給のため、わが国に開港を要求する。）

救助された七人は、三隻の僚船に分乗した。平四郎、次郎吉（米田屋次郎吉）、金蔵の三人は、ジェームス・ローバー号で捕鯨を手伝いながら、五カ月ほど太平洋を航海し、九月、補給基地サンドイッチ諸島（ハワイ諸島）のハワイ島ヒロに上陸した。この地で、別れていた同僚とも再会する。

ここで、船長のはからいでホノルルの牧師に世話になったりして帰国の機会を待つ。中国経由、長崎行きを考えたものの、アヘン戦争のぼっ発で危険だということで、砂糖農園などで働きながら、三カ月ほど待った。

この間に船頭平四郎が病死し、外国の言葉を覚えるのが早かった次郎吉が、一同の代表者のようになる。

天保一一年（一八四〇）七月下旬、アメリカ領事のはからいでカムチャツカへ向かうイギリスの商船に便乗し、二カ月かかってカムチャツカに到着した。同地での扱いは紳士的だったが、日本に帰国する手立てが見つからず、沿海州の「オホーック」へ移送された。

ここで、ロシア人の家の手伝いなどをして、さらに一年ほど待つが、船が不足して帰国の機会はなく、ロシア領だった「シトカ」（現米国領アラスカ）に送られる。シトカは、当時、ロシアが米国と共同で貿易会社（「ロシアアメリカ商会」）を経営し、毛皮の交易などをやっていた。

このため、世界中の船がやってきていて、港は大いににぎわっていた。また、同商会の支配人は非常に親日的で、彼らの帰国のために尽力した。

その結果、天保一四年（一八四三）三月、本国の許可を得て一隻の船を準備して、日本に送り届けることに決まった。このあと、送別会を開いてもらったり、支配人から藩主への贈り物として、柱時計をもらったりした。

当時の日本は、厳重な鎖国令で、長崎以外の港での外国船入港を認めていなかった。そこで、蝦夷地の厚岸《あっけし》へ、こっそり上陸させようとして、カヌーの漕ぎ方まで教わった。

しかし、厚岸があまりにも荒涼《こうりょう》としていたため、断念して五月に択捉島《えとろふとう》の土を踏んだ。この島には日本の役人が駐在していたが、「小林朝五郎」という足軽が、間違って一行を受け取ってしまい、大騒ぎとなる。当時、鎖国令で入港を求めてきた異国船には水や食料を与えていいが、上陸させるのは厳禁とされていたからだ。

ともあれ、五年ぶりで日本の土を踏んだ六人は、罪人扱いで松前から江戸へ送られ、小石川春日町の大黒屋長衛門宅に幽閉される。幕府は、人に知られたくない事情を彼らが知っていたので、口封じをするため、軟禁したのだ。

ここでは、幕府老中・阿部正弘のブレーンでもある学者・古賀謹一郎（のちの蕃所調所《ばんしょしらべしょ》初代頭取）が、次郎吉の記憶を頼りに、「蕃談《ばんだん》」という名前で漂流記をまとめている。

ただし、一般には知らされなかった。彼らは三年間、そのまま江戸に留め置かれ、その間に一人（七左衛門）が病死した。

弘化三年（一八四六）一〇月、条件付で一時帰国が許され家族と対面した。しかし翌年五月、再び江戸に出頭するよう命じられ、一年後、一件落着となるが、この間にも、また一人（八左衛門）が病死している。

結局、嘉永元年（一八四八）一〇月、最終的に赦免され、帰郷できたのは、次郎吉、太三郎、六兵衛、金蔵の四人であった。

約一〇年ぶりに帰郷した四人は、加賀藩主に呼ばれて、ロシアの服を着て外国の事情を報告。

同藩では藩主命令で、遠藤高璟がリーダーとなりプロジェクトチームを組んで、次郎吉ら四人の漂流記をまとめたのが、「時規《とけい》物語」である（前述のとおり、ほかにも古賀謹一郎により書かれた『蕃談』がある）。

この「時規物語」は二六冊、絵が一〇〇枚以上におよぶ膨大なものだが、これも秘密扱いで、藩の尊経閣文庫（現在、駒場にある）にしまわれたままだった。これは紹介があれば見ることができるが、時計は、富山藩の親藩である加賀藩の藩主前田斉泰に贈呈されたあと、現在は行方不明となっている。

彼らの漂流を通じて、次郎吉の活躍は際立っていた。彼は教育をほとんど受けていなかったが、好奇心旺盛で、いち早く外国語を覚え、記憶力も抜群。見たものを正確に書き、そのうえ大の力持ちでもあり、才能豊かな次郎吉の得た情報量は膨大だった。

この天保九年に起きた遭難事件の三年後の天保一二年（一八四一）、土佐の中浜村（高知県土佐清水市）の漁師「ジョン万次郎」こと中浜万次郎ほか四人の遭難事件が起き、やはり米国の船に救助されて帰国する結末をたどる（万次郎らは嘉永四年（一八五一）に帰国）。

この遭難にあった万次郎が、幕末の緊迫した諸情勢の中で、幕府などに請われて歴史上に残るような活躍をしたのと比べ、長者丸の関係者である次郎吉は、そうした場面に巡りあうこともなく、ひっそりと消えていったのは、時代の違いとはいえ、非常に対照的である。

第五章　北前船と密貿易（抜け荷）異聞

この章を書くに当たって、大事なことを、予め読者にお断りしておきたい。

「北前船と密貿易（抜け荷）」は、実に興味深いテーマであるが、これを紹介するとすれば、

①　加賀藩と豪商銭屋五兵衛・銭屋疑獄事件

②　富山藩と富山売薬商人並びに薩摩藩との「特別」な関係

の二つの話題は、避けて通れない。

ただ、この二件については、本稿第四章の「二　加賀藩と銭屋疑獄事件の闇」と、「四　富山藩と売薬業を支えた北前船並びに薩摩との「特別」な関係」の項の方に、密貿易のことも含めて詳しく記述した。

したがって、この章での重複記述は避けることとしたい。また、本章においては、必ずしも「北前船」に絡んだ密貿易事件ではなくても、歴史上の特異な密貿易事件については、幅広く取り上げることとする。

以下、このことを前提として書き進めていくこととしたい。

一　寛文の抜け船事件と長崎代官の投銀事件

（一）寛文の抜け船事件
—対馬・長崎・博多・柳川の関係者らが共謀—

抜け荷捜査の発端

寛文六年（一六六六）の夏頃、筑後国（福岡県）柳川・正行村の平左衛門という男が領主・立花氏の役所に、ある密告をした。四代将軍・徳川家綱の世の頃であった。

内容は、柳川藩・長崎蔵屋敷に詰めている江口伊右衛門らが、朝鮮との密貿易（抜け荷）を企てている、というもので、密告者の平左衛門は江口の下僕だった。

柳川藩から報告を受けた幕府は、さっそく江口らを拘束するよう命じ、翌七年三月、長崎奉行の手で逮捕させた。

一方、この頃、大坂（大阪）に小茂田勘左衛門という男が住んでいた。彼は対馬出身者らしい人物だが、朝鮮へ一五回も渡ったことのある、密貿易の常習犯だった。

この男が、江口逮捕の情報を知ると、先ず、大坂で一味の神宮惣兵衛を殺し、その後、江戸へ向かった（江戸・柳原の対馬藩邸にいた一味の熊本作左衛門を殺すつもりだったらしい）。

しかし、近江（滋賀県）の大津まで来たとき、いっしょに連れてきていた下僕が逃走して、代官・小野惣左衛門の役所へ駆け込み、密告した。このため小茂田は捕らえられて京都所司代・牧野親成に身柄を渡された。次いで大坂町奉行・彦坂重紹《しげつぐ》の手で長崎奉行・松平隆見のもとへ送られた。

同奉行所で江口と小茂田を取り調べると、次のような、意外な事実が判明して来た。

① 長崎の町年寄・高木勘右衛門、長崎浜町の乙名・浅見七左衛門、対馬の名族である阿比留氏（注・対馬藩主・宗義智《そうよしとも》の後妻の一族。当時の藩主・宗義真は義智と阿比留氏の間に生まれた義成の子だった）などが、関係していた。

② 対馬・長崎・博多・柳川の関係者らが共謀した、非常に大掛かりな密貿易だった。

③ 朝鮮国政府が、小茂田らに文引《ぶんいん》（貿易許可書）を与え、合法的な対馬藩の貿易として、この抜け荷（抜け船、密貿易）を受け入れていた。

注・外国商人と直接取引きする密貿易を「抜荷《ぬけに》」、朝鮮との間の不正な出貿易を「抜船《ぬけぶね》」と呼ぶようである。

なお、資本を出したのは、博多関係者で長崎の五島町に出店を持つ大商人・伊藤小左衛門、浅見七左衛門、新大工町の油屋彦右衛門らであること、、寛文三年以降、対馬から船を仕立てて朝鮮へ行かせ、鉄砲・刀剣などの武器を売り、朝鮮人参を買い入れていたことも、判明した。

対馬藩の特権だった朝鮮貿易

当時の鎖国体制下において、外国に開かれた窓口は長崎だけではなかった。

慶長一四年（一六〇九）、島津藩に征服された琉球（沖縄）は、中国・清朝との貿易を行ない、いわゆる琉球国産物が鹿児島へ入ってきていた。また、対馬の宗氏は、朝鮮との貿易を幕府から許されていたので、同国産物が対馬藩の手を経て長崎でさばかれ、大坂や京都にあった同藩蔵屋敷でもさばかれていた。

対馬は鎖国体制で、特殊の地位を占めていたことになる。

対馬藩の朝鮮貿易は、慶長一四年、すなわち己酉《きゆう》の年に対馬藩主・宗義智が徳川家康の許しを経て朝鮮国王との間で結んだ「己酉《きゆう》条約」が基準となっていた。

この条約成立以降、対馬藩はいわゆる「公貿易」と「私貿易」とを、朝鮮国との間で行なった。「公貿易」は、藩主の名で歳遣船、年例送使船などを送って行なわれ、「私貿易」は、藩主の統制下にありながらも、公貿易の定式によらずに行なわれる貿易だった。

公私貿易で対馬藩は、銀・銅・錫・胡椒《こしょう》・明礬《みょうばん》などを相手国へ渡し、反物・朝鮮人参・生糸などを受け取っていた。

貴重品の朝鮮人参

寛文二、三年（一六六二、六三）頃、対馬藩の公私貿易を経て入って来る朝鮮人参の数は、ごく少なかった。当時は明・清の争乱の最中で、清軍は朝鮮にも押し寄せ、すでにこの地を制圧し終わっていたので、人参貿易が抑えられたのだろう。

日本では、将軍の薬用に朝鮮人参を用いていたので、寛文四年（一六六四）閏五月、老中は江戸から長崎奉行・黒川正直へ手紙を送り、唐船（中国船）が輸入する朝鮮人参の見込みを問い合わせたほどだった。

寛文一二年（一六七二）四月、長崎の市法会所で行なわれた唐船輸入品の入札覚書では、下等品でさえ一斤《きん》（一六〇匁《もんめ》。一匁＝三・七五グラム）が銀二二〇匁で落札された。京都・大坂では米一石（約一八〇リットル）が銀一七匁ないし四九匁ほどしていた。つまり、朝鮮人参一斤はコメ四石四升ほどに当たっていた。

小茂田勘左衛門らは、この暴騰《ぼうとう》を当て込み、武器と引き換えに、その入手を謀ったものだが、幕府は寛永一二年（一六三五）、日本人が海外へ出ることを全く禁じていたので、私貿易の資格のない小茂田らが朝鮮へ船を出して交易したのは、鎖国令を破ったものだ。しかも、寛永一一年には、武器を外国人に売ることも禁止されていたので、武器禁輸令を破ったことにもなる。

特に、朝鮮側が対馬藩の私貿易制を悪用して、資格のない者に文引を支給して、誘引していたことは、事件の性格を複雑にした。

外交問題に発展

寛文七年（一六六七）、幕府は対馬藩主・宗義真に命じて朝鮮へ書を送らせ、何ゆえに無資格者に文引を支給したのか、この一点にしぼって問い合わせた。

これを受けた朝鮮側は、事件の究明を忌避《きひ》した。

幕府は翌八年、義真に命じて再度、書を送らせ、関係者の処罰を放任していることを責めた。

これに対し、朝鮮国礼曹・南龍翼の回答が返ってきたが、それには文引が対馬側が偽造したものであるかのような言い方で、文引を確かめないで貿易を許したのは手抜かりであった、として、政府が文引を支給したことを認めなかった。

しかし、疎漏《そろう》があったことを陳謝し、将来を約束したので、寛文一〇年（一六七〇）、幕府はそのダメ押しをする文書を再び朝鮮に送らせた。

その結果として、礼曹参判・曹漢英の復書を得て、これを締めくくった。

この事件の主犯以下、連座者九四人に対する処分は、長崎県立図書館に所蔵される『犯科帳』（江戸時代の長崎奉行所の裁判記録）の中に記録されている。

しかし、長崎町年寄・高木勘右衛門や、首謀者の一人である対馬の町人・大久保甚右衛門についての断罪の記録は、脱落している。

大久保が、対馬の野良崎で磔《はりつけ》になったことは、対馬藩の編年体歴史である『本州編稔略《へんじん》』中、寛文八年の条に記されているので、脱落は明らかだ。また、高木勘右衛門がこの事件に連座したことも、幕府の記録『柳営日次記』の寛文七年九月朔日《ついたち》の条で明らかだ。

この高木は、長崎町年寄・高木家の由緒書、のちの長崎代官・高木家の由緒書には見えない人物だ。恐らく後年、由緒書が作成されたとき、故意に親戚関係から除外されたのだろう。そのためか、『談海集』その他には、彼を「高木作右衛門」と誤記したものが多い。『阿蘭陀通詞楢林氏手記』には、勘右衛門は磔《はりつけ》になった、と記している。ただし伊藤小左衛門と同じ博多の関係者であった、としている。

この高木家が断絶したことは、いうまでもない。明治維新の際、もとの長崎町年寄らが、新政府へ出した伺書には、元禄年中、高木勘右衛門家が、ゆえあって断絶した、といっているが、時代と人名を取り違えている。

前掲の『犯科帳』によれば、この事件に連座した対馬関係者は一六人である。

（二）長崎代官の投銀事件
―末次平蔵茂朝らの犯した犯罪―

豪族・長崎代官末次家とは？

四代目の長崎代官は、末次《すえつぐ》平蔵茂朝《しげとも》という人物であった。

末次家は豪族の家系で、平蔵茂朝の祖父・平蔵政直も長崎代官をつとめた。幕府から朱印状を受けて、船を安南（ベトナム）に派遣し、それから逝去するまでに、主に安南方面へ貿易船を六回送っている。

また、寛永三年（一六二六）、浜田弥兵衛という人が台湾でオランダの商館長ピーター・ヌイツと紛争を興し、ヌイツを虜《とりこ》にした事件があったが、この浜田は、末次平蔵政直の船の船長だった。

平蔵茂朝の父・平蔵茂貞は、島原の乱のとき、平戸へ入港してきたオランダ船の大砲を利用して、島原の原城を砲撃するよう建言した人だといわれる。また、この乱のあと、幕府がフィリピン諸島への遠征を計画した折、オランダ艦隊の援助を求める幕命を平戸の商館長に通達した人だともいわれている。

正保四年（一六四七）九月、長崎代官をしていた平蔵茂朝の父・平蔵茂貞が亡くなり、初め、茂朝の兄の茂房があとを次いで代官になった。しかし、茂房も落馬して足を折ったので、慶安三、四年（一六五〇、五一）頃、弟の茂朝が代官職を継いだ。

茂朝は、寛文一二年（一六七二）の記録では、天領長崎の外町《そとまち》五四町を支配したほか、周辺の長崎村、日見、野母、樺島などの村方、あわせて一〇カ村、その石高七、六九八石余の天領を支配していた。そのうえ、外町、内町を問わず、仏寺の支配、つまり切支丹取締りの最高責任者であり、外町支配の一つとして沿岸の警備も行ない、そのために武器・軍船を持っていた。

寛文九年（一六六九）には、幕命を受けて天草、備後の天領のコメを江戸へ廻漕するためにオランダ式の大船を建造し、幕府に献上した。この船は翌一〇年の三月二五日に出港している。

異国貿易の噂が流れる

延宝三年（一六七五）頃、末次平蔵茂朝が異国へ船を出して商売をしている、という噂が長崎に流れた。

平蔵は唐人王元官の船を買い取り、唐人王仁尚、王辰官を船頭に雇って、この船を大明にやった、船は厦門《アモイ》の近くで難破して積み荷を海賊に奪われたが、この地方は鄭成功《ていせいこう》の子・鄭経《ていけい》の縄張りで、経は代官平蔵殿の船と聞いて、海賊から奪われた荷物を取り返してやり、そのうえ商売にも手を貸し、船を長崎に送り帰した、というのだ。

噂のタネを蒔いたのは、長崎に入って来た一艘の厦門船であった。長崎奉行・牛込勝登《かったか》が、この噂を聞いた。

折から、姿を消していた王仁尚、王辰官の二人が再び長崎に現れたので、彼は二人の船に乗っていた唐人たちをも残らず取り調べさせ、噂《うわさ》が真実であるとの確証を握った。牛込はすぐ、事の次第を江戸へ報告し、幕府の指図を仰いだ。

翌延宝四年（一六七六）一月、末次平蔵茂朝が長崎奉行に召喚された。証拠の品（一説では彼が書いた手紙）を突きつけられて、彼は言い逃れをできなかったようだ。

取り調べは、一月一八日に一段落した。平蔵茂朝は、長男・平兵衛、甥の平左衛門とともに、福岡城主・黒田忠之の長崎蔵屋敷に預けられた。

母親・長福院も共謀していた

この当時、長崎銀座（京都銀座の出張所）の林九左衛門が、京都の銀座に送った情報（二月二二日付け文書）がある。

かなり正確な情報で、幕府役人として長崎へ下ったことのある太田覃《さとし》（天明期を代表する文人・狂歌師。蜀山人《しょくさんじん》、太田南畝《なんぽ》）が、長崎銀座の古帳に書き留められていたのを発見、『一話一言』に書き遺したものだ。それによると、

① 平蔵茂朝は、延宝四年一月一八日、取調べが一段落して、子の平兵衛、甥の平左衛門とともに、長崎・後藤町にある黒田藩屋敷に身柄を預けられ、財産は没収された。貸銀だけでもところどころに六、七千貫匁ほどあるらしい。

② 事件の首謀者は、平蔵の母・長福院、平蔵の召使いの陰山九大夫、下通詞（小通詞）の下田弥三右衛門の三人で、唐船に貿易の資金を貸し付けたとか、商売の船を自ら仕立てたとかいう噂である。

③ 島原城主・松平主殿頭《しゅでんのかみ》忠房が二月一五日に長崎へ出張して滞在し、長崎奉行と万事、話し合って処理している。

『犯科帳』の記録

前掲『犯科帳』は、長崎奉行が行なった裁判の記録を、寛文六年（一六六六）から慶応三年

（一八六七）まで、収録したものだ。

その延宝四辰年の条には、平蔵関係の判決が見える。もっとも、寛文・延宝の頃の記録は後年、付け加えた覚書かと思われるが、それにより平蔵の罪科を示すと、

①平蔵は代官でありながら、異国へ銀を抛銀《なげがね》した。

②重科であるが、陰山九太夫、下田弥三右衛門、船仕出の儀は知らなかった。

③そのうえ、地方《じかた》に私曲なきにつき、死罪を赦免し、家屋敷・財宝まで闕所《けっしょ》、辰四月二九日、隠岐《おき》野国へ流罪を仰せつけられる。

④陰山九太夫は、下田惣右衛門と申合せ、王元官という唐人の船を買収し、王仁尚、王辰官という唐人を船頭に雇い、カンボジァへ商売船を仕出し、あまつさえ、主人平蔵の抛銀の肝《きも》煎《いり》をやった。重科であるから、辰四月二五日、町中引渡し、当湊のうち裸島で磔《はりつけ》に処する。

注・抛（投）銀とは？

投銀、擲銀とも書く。一七世紀初期、朱印船主またはポルトガル人、中国人の貿易商に対して、博多の豪商島井家や末次家などが投資した資本。その約束証文を抛銀証文という。証文によれば、抛銀は丁銀を用い、渡航先を明示し、帰朝時の返済を約しているが、海難にあった場合は返済の義務がないのが普通であった。

すなわち、平蔵の召使い・陰山九太夫と下田弥惣右衛門が、王元官の船を買い取り、王仁尚、王辰官を船頭に雇って、カンボジァへ商売にやった。平蔵は、陰山と下田が用意した船である

ことを知らずに、投銀した。

　ということになっている。

　長崎代官は、元締手代、平手代、手代格、家来、家来見習、足軽、小使などを使っていた。唐人から、この船を買い取った大金は、どのようにして捻出したのか。

　それは、後述するように、平蔵が出したと思われる。

　下田弥惣右衛門は『訳詞統譜』に下田弥三右衛門と見えている者だ。延宝二年、小通詞の林道栄が大通詞に昇進したあとへ、その日付けで進んだ帰化唐人だった。

投銀はなぜ密貿易か？

　抛銀、つまり投銀は、鎖国前は適法な投資行為だった。なぜ鎖国下では犯罪になったのだろうか。

　投銀は、元和・寛永期頃に、主に九州の投資家がポルトガル人、唐人、日本人などを相手に行なった投資だ。欧州にいう「船積貨物抵当」だといわれる。

　寛永一五年（一六三八）のいわゆる投銀証文の例を見ると、借主はマカオのポルトガル商人・カルバルホ、貸主は博多商人・末次宗徳である。
①　マカオ市の代理人・カルバルホは、ここに左のことを、声明する。
②　カルバルホは、マカオ市に代って、博多商人・末次宗徳から、棒銀四千両を二割五分の利

子で借用する。

③　末次は、この四千両が、コンセイ号とゴンサロ号の二隻に均等に分載されて、当地からマカオに送られねばならないことを、ここに声明する。

④　明年、マカオから当地に向けて最初に出帆する貿易船に、商貨を均等に分載して、借用金相当量の均品で弁済する。貿易船が一隻の場合は全額の三分の一を弁済し、貿易が取りやめになった場合は、さらに一割を加えて支払う義務がある。

⑤　貿易によって得る利益と、このたび借用した銀塊は、私の後継者である代理人によっても、このカネはマカオ市のために借用するが故に、弁済せられるものだ。

この投銀証文に、借用金額相当量の物品で借りたカネを返す、といっている点が注目される。もし、平蔵がこういう文言の投銀証文を、王仁尚と王辰官とに書かせたとすると、彼は密貿易を自分でやった犯人そのものだ。

長崎では、寛文一二年（一六七二）から、市法と呼ばれる貿易方法が実施されていて、日本人は長崎の市法会所で、輸入品の取引をしなければならないことになっていた。外国船が入港すると、長崎奉行は必ず、その積み荷目録を出させて商品目や数量を把握し、報告されたものだけが取り引きを許されていた。

それ以外は、すべて密輸だったのだ。しかもそのうえに、平蔵は鎖国令を破っていた。

寛永一二年（一六三五）のいわゆる鎖国令には、①日本船が外国へ行ってはならないという条文と、②日本人を外国へ行かせてはならない、という条文がある。①と②が別個に立法されていることから、日本人が外国へ行って、「貿易をしてはならない」という意味にとられなければならない。

それなのに、平蔵のやり方は、長崎にいながら外国へ行って貿易をするのと同じ結果を得ようとするのだから、鎖国令を潜《くぐ》るやり方だったのだ。

平蔵茂朝は首謀者だった

元和五年（一六一九）九月二三日付けの「借用申す銀子の事」という文書がある。貸主は博多商人・中野彦兵衛、借主は西岡市右衛門と西類子《にしるいす》（元大村藩士西九郎兵衛。類子はクリスチャン名。徳川家康の命を受けてフィリピンの国情を偵察した）である。

借用した銀六貫匁は、類子が持ち帰る。一航海して帰朝すると、元利あわせて銀八貫七百匁を中野に与える。すなわち、四割半の利である。

この八貫七百匁は、船が帰朝しさえすれば、航海で儲けたか、損をしたかは問わない。損益にかかわらず支払う。何等の免責も認めない。ただ、航海中、風浪に遭難して支払いができなくなった場合には、免責する、というものだ。

つまり、この種の投銀は、一航海を限度とする高利の貸付けで、船が風浪で遭難した場合には、貸主は元利の請求ができないのだ。借主は船の所有者ではなく、船頭になって航海貿易を行なう。したがって、貸主は船を担保にとれない。

先に引用した陰山九太夫に対する判決文では、陰山は王仁尚・王辰官を船頭で雇っているが、もし平蔵がこの種の投銀をやったとすると、二人の唐人は雇われたのではなく、平蔵の投銀の借主であって、二人はそれなりの立場で航海貿易をして儲けるものだ。船の所有者・陰山と下田も、船を投資してこの航海貿易に賭けている。

平蔵は、陰山と下田が船を仕立てたことについて、知らなかったといっている。船の持主も、この航海貿易へ賭けるのだから、持主は投銀の借主である二人の唐人に対し、利益請求の債権を持つ。

平蔵の債権とこの債権、つまり二つの債権が競合する。したがって、平蔵の立場からは、自分と同じ順位の支払い請求権を持つ者が、だれであるかについて無知ではありえない。

こう見てくると、平蔵は「密貿易の正犯」と思える。平蔵は自分で唐人から船を買い取り、陰山と下田を語らい、それをカンボジアへ商売に出させたのが事件の真相だったはずだ。

以上により、平蔵に対する判決に、「異国え抛銀をいたす」といっているのは、彼が密貿易をした意味だと明らかになった。

しかし、陰山・下田が死罪になったのに、平蔵は「流罪」に留められた。「地方《じがた》に私曲がないので――代官本来の職場に不正がないので――死罪を許す」と判決はしているが、これは情状酌量などではなく、なぜ、そうされたかは不明である。

禅門に入りながら、彼といっしょに投銀をしていた実母・長福院も、流罪に処されている。

苛酷な処刑内容

延宝四年（一六七六）四月二九日、松江城主・松平出羽守綱隆の使者が長崎へ赴き、松平右衛門佐《うえもんのすけ》（福岡城主・黒田忠之）の蔵屋敷へ閉じ込めていた平蔵茂朝と嫡子・平兵衛を受け取った。平蔵の家来・黒川角弥（一八歳）を加えた三人を、隠岐《おき》へ護送するためだった。隠岐は、綱隆の父・直政のときから、その支配を預けられていたものだ。

長福院と、平蔵の末子・三十郎（三歳）は、二日前に壱岐《いき》へ流されていった。長福院に仕えていた尼・えいりん（二二歳）と三十郎の乳母《うば》（二三歳）は、二人に従った。

一方、陰山九太夫（四四歳）は磔《はりつけ》、その子虎之助（九歳）は父と同様、獄門。九太夫の妻（二五歳）は二歳の女子とともに、町年寄・高木彦右衛門の奴《やっこ》とされ、娘・ひさ（一三歳）は町年寄・高島四郎兵衛の奴とされた。娘・かる（四歳）は中村久左衛門の養女となっていたので、また姑（七〇歳）は老体であるため、いずれも親類預けとなった。

下田弥惣右衛門（三九歳）は磔、その養子・次郎吉（一〇歳）は長福院とともに壱岐へ流罪、弥惣右衛門の兄・太右衛門（四四歳）は町内預けに、母（六九歳）と姉（四〇歳）は禅尼である理由で、奴を許されて親類預けになった。

投銀の才覚をし、また船の修繕の世話をした弥富九郎右衛門（四四歳）は獄門、その子・市十郎（八歳）は家財を取り上げて町内預けに、妻（三〇歳）と娘・ひさ（一三歳）・いわ（一〇歳）・ひゃく（五歳）は奴を許され親類預けに、弟・庄左右衛門（三七歳）も町内預けとなった。

また、平蔵の使用人・井上市郎右衛門は、取調べを受けていたときに自殺し、その妻（四三歳）・子の市十郎（一八歳）は、長福院とともに壱岐へ流された。

桶屋町《おけやちょう》・吉野藤兵衛（三二歳）は、投銀の使いをした理由で、長崎一〇里四方の地から追放された。また、平蔵の甥・平左衛門は家屋敷を取り上げられ、江戸・京都・大坂・堺・奈良・伏見・長崎近辺の地を追放された。

なお、『犯科帳』には、平蔵の妻と娘についての処分記録が見えない。『犯科帳』の寛文頃の記録は、判決文自体ではなく、判決の概要を後年、覚え書き的に追録したと思えるふしがあり、筆者が落としたのだろう。別途、『談海集』によれば、二人は町内預けとなり、後年、娘は母方の伯父・久松善兵衛に引き取られている。

平蔵の屋敷や家屋は、高木作右衛門に与えられ、平左衛門の屋敷跡には、糸蔵が建てられた。建物は解体され、天草の代官・小川藤左衛門が命を受けて、その材木で郊外の十善寺を修復した。

密貿易に手を出した背景事情は？

諸資料によれば、没収された平蔵の闕所財産の目録は膨大なものだった（『長崎港草』、『通航一覧』が引く『武林珍談集』など）。控えめに見積もっても、六〇万両ほどで、五、六〇万石の大名も及ばなかったといわれる。

しかし、仏門に入った実母まで、密貿易に手を出すとは余程のことで、平蔵一家は、実は切羽詰まっていたとも考えられる。

先に引用した、長崎銀座の林九左衛門の手紙に、平蔵は六、七千貫程貸金があるといっている。その額は、父祖たちが貸し付けていたカネが焦げ付き、利息を加えたものだったかも知れない（山脇悌二郎は『抜け荷―鎖国時代の密貿易』の中で、長崎近郊の大名・諫早《いさはや》氏に貸したのが、焦げ付いていた証拠がある、とする）。

当時、市法会議所には、全国から六、六五〇人前後の商人が集まって貿易をし、長崎の町は湧き立っていた。町年寄たちは、宋銭を模して造った銅銭を輸出することを許され、儲けていたらしい。

しかし、代官に貿易が許されるわけはなかった。平蔵一家が密貿易に手を出したのは、よくよくのことだろう。長崎代官が密貿易事件を起こしたのだから、幕府や町民に与えた衝撃は大きいものだったはずだ。

延宝四年という年は、市法―幕府がオランダ人や中国人に対する貿易の主導的な姿勢をとった貿易方法―が始まって間もなくのことで、幕府は威信と面目を失ってはならない時期だった。この事件は、長崎の行政史のうえでも極めて特異な事件だった。

事件後、幕府は平蔵が代官をしていた一〇カ村のうち、八カ村は天草代官に付け、長崎村、浦上村の両村を町年寄・高島四郎兵衛と高木彦右衛門の二人の支配にして、「長崎代官」を廃止した。復活するのは、ずっと先の元文四年（一七三九）である。

しかし、元文以降の長崎代官は、末次平蔵茂朝を最期とする初期の長崎代官に比較すると、かなり小粒になった。平蔵の家系では、初代平蔵政直は幕府の外交を動かしたこともあるし、二代茂貞はバタビア（現ジャカルタ）のオランダ総督へ手紙や進物を贈って交際していたのだ。

二　西国諸藩の唐船攻撃事件

（一）藍島《あいがしま》周辺に唐船が出没

下関から北西方一〇キロほどの海上に、「藍島」がある。この島の北西に白島、やや南方に六連島《むつれ》、馬島などが点在している。

これらの島々は、徳川時代にはそれぞれ、① 藍島と馬島が豊前・小倉藩領、② 白島が筑前・黒田藩領、③ 六連島は長門《ながと》・毛利藩領だった。

島周辺は、潮足が早く難所であるうえに、三藩の領地があったので、海上では取締り上の「死角」ができていた。そういうこともあって、藍島周辺には、五代将軍・徳川綱吉の頃──宝永年代末頃から、密貿易の唐船がしばしば現れた。

しかし、小倉藩が藍島に見張所を設けたのは、海船互市新例が出た正徳五年（一七一五）のことだった。

八代将軍・徳川吉宗の治世だった享保二年（一七一七）二月、どうしたわけか、藍島周辺に、にわかに多くの唐船が出没し始めた。ときには、一〇艘ないし一五艘ほどの船団も、望見された。

小倉藩では、船奉行・青柳弥三右衛門が、儒者を連れて唐船へ乗りつけ、筆談で退去を勧告した。しかし、

「風のせいで漂流している。風向きがよくなれば、向うへ行こう」

という返事で誠意を認められなかった。このため、小倉藩側は鉄砲で威嚇射撃《いかくしゃげき》をした。けれども唐船は撃てば退くが、撃ち止めると近寄ってくる。共同で警戒していた福岡・黒田藩では、射撃をするには幕府の許可がなければならない、として、協力を断ってきた。

始末がつかない、とみた小倉藩側では、藩主・小笠原忠雄が同年四月二日、家臣の大塚所左衛門を急使に立て、幕府の指示を仰いだ。

幕府では、藍島周辺を徘徊《はいかい》する唐船を砲撃することに決し、福岡城主・黒田宣政《のぶまさ》に二〇〇艘、小笠原忠雄に一〇〇艘、毛利元矩（長門、長府城主）に八〇艘、計五八〇艘ほどの軍船動員を命じた。

四月二一日には、江戸にいた黒田宣政を帰国させ、小笠原忠雄にも江戸参勤の延期の命を下した。

小倉藩では、五月一三日の明け方、大小約百艘が行動を起こし、藍島周辺の唐船八艘に対して激しく砲撃した。老中・久世《くぜ》重之《しげゆき》の注意により、人命を損傷しないように船体の近くを狙って撃った。

唐船は退避して白島沖へ出て、黒田、毛利側から追われてきた別の船団と合流して、海上はるか船影を消した。

(二) 唐船がもたらした情報

なぜ、多くの唐船が藍島周辺へ集まるのか——誰もが不思議に思った。船上には、女性や子供の姿も見えたので、中国に兵乱が起きて亡命して来ているのでは、とも思われた。

しかし、幕府にはそのような情報はなく、不思議だった。

そこで幕府は、長崎奉行に事情の調査を命じた。享保三年(一七一八)六月、入港した唐船の船頭、祝武珍が、長崎奉行へ提出した風説書は、その質疑に答えたものだ。それには、

「清朝は去年、すなわち享保二年から、商船が日本以外の国へ渡航することを禁止したので、それまで南洋方面へ渡航していた船が、中国内の諸所へ行く、と偽って、官署から船切手をもらい受け、それでもって出港し、日本までやってきて、小倉沖をうろついているのではないだろうか——」

といっている。この答えは恐らく当たっているのだろう。清朝は康熙《こうき》五六年（享保二年＝一七一七）、いわゆる再海禁を行なって、商船の自由な海外渡航を禁止したのだ。長崎へは自由に出港できたが、それでも日本側が発行した貿易の許可証（信牌《しんはい》）を持つ者でなければ許されなかった。

日本側は、当時、信牌を、従前、長崎貿易の実績を持つ者だけに与えていた。このため割込みはきかなかった。

江蘇省の上海、浙江省の乍浦《さほ》あたりで、六千〜八千両ほどで買うことはできたが、そんな大金をそろえることはむずかしい。

そういうわけで、それまで南洋方面へ出かけていたのが、急に商売にあぶれ、藍島あたりがうってつけの場所だと伝え聞いて、押しかけたものらしいのだ。

(三) 乗組員すべてを殺害

享保二年（一七一七）七月一七日、藍島の監視所から望遠鏡で見張っていた番人は、前方の白島のかげへ唐船が接近し、日本の密貿易船がそれに横付けになっているのを、発見した。

小倉藩主・小笠原忠雄は、慎重にも、またもや急使を江戸へ送って幕命を仰いだ。

一二月、幕府は目付・渡辺永倫《ながとも》を唐船打払いの検使として小倉へ下らせたが、渡辺は忠雄への回答を携行しなかった。

やがて、江戸へ参勤した小笠原忠雄は、これまでの幕命では効果がないことを、老中たちに悟らせたらしく、幕府は、ようやく享保三年三月になって、殺すのもやむを得ないことを認めた。同年四月一五日、三藩連合が出撃し、初めて殺傷が発生した。

小倉軍は、船奉行、青柳弥三右衛門、大船頭、石井与八郎、小筒組頭、上条九郎兵衛、大筒組頭、横川佐野右衛門らが、手勢を引き連れて小倉から出発した。

毛利軍は南風泊から飯田与一左衛門らが、黒田軍は若松から喜多村弥次兵衛らが出て、藍島周辺で砲撃した。

「四月十五日夜丑の刻、若松船（注・黒田藩船）は、白島沖におり申候唐船九艘を追払い、同十六日巳の刻(注・午前一一時頃)、小倉へ引取候。もっとも長門、筑前、右同時に追船差し出し候。(中略。毛利、黒田、小笠原三藩の出動役人を記する）右三段の諸侍、ともに小船にて追い申候。都合船数六十艘ほど、十五日の夜の内、火をともし申さず、俄《にわ》かに押寄せ、鉄砲打掛候につき、唐船おどろき碇《いかり》など取揚げ候とて、甚だ周周候ところを追いかけ、船より、おびただしく鉄砲打ちかけ、たしかに唐人五、六人も打殺し候と相見知り候。唐船の帆に火、燃えつき候を、消し候とて、唐人、釣瓶に水を入れ、火消し候とて海へ入り候を取帰り（注・唐人を捕らえた）、そのほか、唐船の上廻を打崩し候」（『柳営秘鑑』）

これにより、相当激しく砲撃したことがわかる。

この年の一〇月、長崎へ入港した唐船頭・林達文の風説書によれば、
「当春、小倉沖で追払われた唐船二艘が、五月のころ、浙江省乍浦へ逃げ帰ったが、乗組人員のうち、多くの死者、負傷者があった」
ことを、伝えている。

五月一一日、平戸から長崎へ送られて来た李華夫《りかふ》の船も、このときの砲撃でやられたものである。彼らは、壱岐の勝本浦まで逃げていったが、船体の破損がひどくて、どうにも動けなくなってしまった。

そこで、難風で遭難したと偽り、船を焼き捨て、漂流民として平戸へ送られることに成功した。それから、長崎へ送られたが、怪しまれて厳しく取り調べられた。

長門領で砲撃されて逃走の途中、若松沖で追撃され、五三人乗り組んだうち、一〇人が死亡し、多数の負傷者が出たことを白状している。（『長崎秘事』）

海上での砲撃に呼応して、陸上では密貿易団の大がかりな手入れを行なったが、唐船の出没は止まなかった。日本側の態度は苛酷《かこく》となり、享保五年（一七二〇）、黒田藩は火矢を放って、一艘を焼沈し、乗組員を残らず殺した。

同一一年（一七二六）八月には、毛利藩は一艘を焼打ちして全員を殺した。その翌月、幕府は、中国地方や西国の諸大名に対し、重ねて打払令を発している。（『柳営日次記』）

このときの焼沈事件は、毛利吉元の領内、長州阿武郡須佐浦へ現れた一艘を、四〇〇人、

一〇艘ほどで取り囲み、火をかけて全員を殺したものだ。

相手が反撃の態度をとり、こちらに負傷者が出たからには、容赦はできない、と月番の老中へ届け出て殺害している。(『享保年録』)

(四) 中国側要求で止める

ところで、この船には、広南《こうなん》船(現在のベトナムのツーラン、フェフオあたりから出る船)の船頭・董宜叶《とうぎけい》以下が、乗り組んでいた。

宜叶は寧波《にんぽう》船の船頭として、たびたび長崎へ来たことのある有力な商人・董宜日の弟であった。また、彼は享保六年、広南船の船頭として、初めて長崎に来て、翌七年にも、享保一〇年にも広南から渡来した。

同年、宜叶は享保一一年に使用するはずの信牌を与えられて、長崎を去った。その一一年に長崎へ向かっていたが、風浪に流されて須佐浦へ漂着。やましくないので、反撃の態度を示したのだった。

宜叶が殺されて間もなくの一一月七日、一艘の寧波船(船頭・魏益卿)が長崎へ入港した。この船に董昌来という者が乗っていたが、幕府は昌来が宜計の弟だとして、行方不明になった兄、宜叶の代わりとして広南信牌を与えた。

これは、宜叶を殺した非を、幕府が間接的に認めたことを意味する（『長崎志』ほか）。長崎に来て在留していた唐人たちにとって、宜叶の死は大きなショックであった。彼らは享保五年、黒田藩によって焼打ちされたのは、寧波船の船頭・林爾寔《りんじしょく》であるとも信じていた。

この林は、他の三艘の船とともに長崎へ向けて乍浦を出港し、風浪のため僚船から見失われたのであった。

享保一一年一〇月、寧波船の船頭・丁建興なる有力商人は、船頭たちを代表して懇切丁寧《こんせつていねい》に綴《つづ》った願書を、長崎奉行へ提出した。それは表面、長門、豊前、筑前沖を漂流する唐船については、日本側が先ず、信牌所持の有無を確かめることを願い、婉曲《えんきょく》に砲撃停止要求の意を含ませたものだった。

この願書を最後として、九州北辺の砲撃は止んだ。

長崎での貿易は、いうまでもなく鎖国体制の一環だった。享保二年に始まった唐船砲撃は、外国貿易を長崎一港に限った鎖国の大原則を、貫くためであった。

一〇年にわたって外国船を砲撃し、その乗組員を殺戮《さつりく》したごときは、もとより日本史上、類例がない。

それは、いかに幕府が鎖国政策に固執していたか、を示すもので、後年、文政八年（一八二五）に発した、いわゆる外国船無二念打払令の時代錯誤も、この砲撃事件の延長とみれば、理解できよう。

＊以上、第五章一（一）、（二）及び二の事件をまとめるに当たっては、特に山脇悌二郎『抜け荷　鎖国時代の密貿易』（日本経済新聞社）を参考にさせていただいた。紙面を借りてお礼申し上げたい。

三　薩摩藩と豪商浜崎太平次の深い関係

寛永一六年（一六三九）に完成されたといわれる幕府の鎖国令は、もともとキリスト教の禁止が目的だった。

これに貿易問題が絡んだ。幕府は貿易の利益による西国大名の勢力増大を防ぎ、自らが独占するため長崎に出島を設け、日本人の海外渡航や帰国を厳刑で取り締まった。

しかしながら、琉球の支配を認められていた薩摩藩が、この禁を破って密貿易（抜け荷）をしていたことは、なかば公然の秘密だったようだ。

（一）薩摩藩の財政難と調所笑左衛門の登用

幕末における薩摩藩財政難の深刻化

諸藩の財政悪化が顕在化し始めたのは、元禄期（一六八八〜）より少し前あたりからだが、薩摩藩の場合は、少し事情が違った。

藩主島津家は加賀前田家に次ぐ外様雄藩で、俗に七七万石といわれているが、実はこれは籾《もみ》高《だか》で、米高に換算すれば約半分の三七、八万石ぐらいだったという。関ヶ原の戦いの後、徳川家康に敵対した島津義弘に代わり、謝罪のため嫡子家久（二代藩主）が上洛するとき、旅費の不足で道ずれとなった福島正則から銀二百両を借りたという話さえある。

世の中がほぼ落ち着いた元和二年（一六一六）頃、すでに銀千貫余（約二万両）の藩債を抱えていた。そのうえ、幕府から木曽川治水工事を命じられた宝暦三年（一七五三）頃には、天災、凶作、鹿児島の大火、江戸藩邸の数度の火災などのこともあり、借銀は四万貫（約七〇万両）に膨れ上がっていた。

そんな中で行なわれた木曽川治水工事に、薩摩藩は多くの病死者を出したほか、総額四〇万両に近い経費を費やし、総奉行の平田靱負《ゆきえ》は自刃して果てた。

一九世紀に入ると、第八代藩主・島津重豪《しげひで》の近代化政策で西欧の技術を取り入れ、軍備の近代化、各種工場の建設などを行なった。その一方で同藩は多額の出費を余儀なくされ、ついに文政の末（一八二〇代）には、藩の借財は「五〇〇万両」という天文学的な数字に達した。ちなみに、この頃の薩摩藩の歳費は二五万両～三〇万両といわれる。

しかし剛毅英邁《ごうきえいまい》な重豪は、自ら陣頭に立ち、江戸・京都・大坂などとの間を往復して指揮し、財政の回復を図ろうとした。

驚いたのは将軍婦人茂姫（重豪の二女・第一一代将軍徳川家斉の御台所）で、「八十四、五、極老ノ身ニテ数百里ノ旅行ハ思ヒ止マリ玉へ」と泣いてすがるので、重豪はやむなくお茶坊主あがりの調所笑左衛門《ずしょしょうざえもん》（広郷《ひろさと》。家老）に改革の大任を命じたといわれる。

なお、重豪はわずか一一歳で藩主となり、天明七年（一七八七）、四三歳のとき隠居して藩主の座を斉宣《なりのぶ》に譲った。しかし、斉宣が重豪の施策をことごとく破却すると、激怒し斉宣を隠居に追いやるなどして、八九歳の高齢で没するまで約八〇年間、意のままに藩政を動かした。しかも茂姫が将軍家の御台所だったから、権勢は天下に及び、人びとは彼を評して〝高輪下馬《たかなわげば》将軍《しょうぐん》〟と呼んだ。

調所笑左衛門が藩財政の責任者に

調所笑左衛門（広郷）は、重豪の命により薩摩藩の改革・財政再建の責任者となった。彼は決して財政通ではなかったが、この筋に明るい三原藤五郎、海老原《えびはら》宗之丞《そうのじょう》（清熙《きよひろ》）、宮原源之丞《げんのじょう》などを補佐役として登用した。

彼の主導した改革を「天保の改革」といい、天保元年（一八三〇）をその初年とするが、その発端は文政七～八年（一八二四～二五）頃と見るのが妥当である。文政七年一一月には、調所は御側用人格・両御隠居御続料掛《おつづきりょうがかり》となっているのだ。同掛は重豪・斉宣《なりのぶ》の生活費掛りとして〝琉球産物方《ほう》〟という重要な財政上の役目を負い、大いに成績を上げている。

文政九年には、大坂の金融経済市場の調査を行ない、同一二年より著名な学者・佐藤信淵《のぶひろ》の懇切な助言を受けた。また、大坂商人・出雲屋孫兵衛らのような同情者もあらわれた。

当時、どの藩も町人の財力に抑えられて青息吐息《あおいきといき》だったが、天保元年（一八三〇）一二月、重豪・斉興（斉宣の後継）から朱印状により、次の三代目標が命ぜられた。

①　天保二年から一一年までの一〇カ年間に、五〇万両の積立金を作る。

②　右のほかに、平時ならびに非常時に手当金もなるたけ貯える。

③　古証文を取り返す。

調所が家老に列したのは、これから二年後の天保四年三月であるが、それからの調所は、刀をソロバンに持ち替えて働いた。

ついに彼は、〝古借証文の取り返し〟に着手、京坂は天保六年、江戸は七年の実施で、古借証文の書き換えと称して取り上げ、代わりに通帳を渡し、二五〇年賦、無利子償還とした。

これにはさすがの大坂商人も驚き、世論が沸騰《ふっとう》して裁判沙汰にもなるが、出雲屋が責任を一身に負って大坂三郷《さんごう》追放の処罰を食ったのみであった。島津家の幕閣における裏の勢力がモノをいったのだろう。このとき、薩摩藩が幕府に一〇万両を献金しているのも面白い。

偽金づくりと抜け荷（密貿易）に手を出す

調所はこのほかに、大胆なことを二つやった。

一つは偽金《にせがね》づくり、もう一つは琉球を隠れ蓑とする抜け荷(密貿易)である。前者を〝お金方《ほう》〟、後者を〝唐物方《とうぶつほう》〟という。

お金方の役所には職工が二〇〇人もいて、一分金・二分銀を密造したという。一方、当時の琉球は、中国との進貢・接貢貿易を行なっており、薩摩藩はその上前《うわまえ》を吸い上げていた。

さらに重豪は、幕府の特許を得て、重豪・斉宣両隠居の生活費捻出《ねんしゅつ》のために、ごく限定された範囲内での貿易を行なった。琉球生産物方というのだが、一般には「唐物方」と呼んでいた。

調所は改革の初めには唐物方の掛りをし、のちには死ぬときまで〝琉球館聞役〟をしていた。琉球館は、鶴丸城の東隣にあって琉球人が在籍し、薩摩藩と連絡する機関である。

調所の片腕となった海老原宗之丞が弁解しているように、唐貿易の特許を幕府の指示のとおり真面目にやれば、あまりもうからないが、調所は幕府の枠を超え、大規模に抜け荷をやった。

調所は、豪商として実力をつけつつあった浜崎(濱崎)太平次(この人の詳細については、後述する)を公認の海運業者とし、彼のほか指宿《いぶすき》の黒岩藤兵衛、柏原の山辺泰蔵、高山の重平兵衛らに対しても、同様に海運の業に当たらせた。また、国禁としていた海外貿易を、藩の秘密の直営とする一方、これら商人の貿易をも黙許して財政再建に充てたのだった。

(二) 幕府の追及と調所笑左衛門の死

幕府が追及、調所が責任を負い自殺

しかし、弘化三年（一八四六）、琉球の使者池城《いけぐすく》を使って、一〇万両の抜け荷をはかったことを、幕府の隠密にかぎ出された。幕府老中が世上、評判の高い阿部正弘だった嘉永元年（一八四八）、調所は阿部から抜け荷の件を厳しく追及された。

調所はその年の一二月、責任をとって江戸藩邸で死亡した。享年七三。死因は服毒自殺といわれている。

鹿児島市天保山町には調所笑左衛門の銅像、同市内の福昌寺墓地にはその墓がある。

ただ、薩摩藩はそれ以降も、抜け荷をやめなかったようだ。また、薩摩藩は領内の砂糖を専売制として増産につとめ、輸入品の砂糖とあわせて莫大な利益を蓄積していった。

幕府が断固とした制裁ができなかったのは、将軍家との政略結婚による姻戚関係のためだったと思われる。なお、最近、

「薩摩藩が抜け荷で財政を再建し、武器・艦船などを充実・近代化して討幕に力を尽くしたことが、明治維新の原動力になった」「昆布が明治維新の原動力になった」

という見方が、一部の論者によって展開されていることは、注目に値する。

（三）指宿の豪商・浜崎家の成り立ち

浜崎家、指宿で豪商に成長

薩摩半島の先端にある指宿市《いぶすきし》は、港町であると同時に東部に摺ケ浜《すりがはま》などの温泉群を抱える温泉郷である。この温泉は、「山木」（ヤマキ）の屋号で知られたいにしえの豪商・浜崎（濱崎）家が、多くの船乗りや使用人その他の人びとに入浴をさせて、疲れを癒《い》やすためにつくらせたものだという。

この地の指宿村湊には、浜崎家の本拠があった。

浜崎家の先祖は、薩摩国国分村（鹿児島県霧島市国分）八幡宮（現在の鹿児島神宮）の神官だったといわれる。

明暦二年（一六五六）頃、わけあって指宿郷湊村に移り、初代、二代目の頃までは、ささやかな海上の輸送を家業として生計を立てて来た。

それが三代目新平の代になると、はじめて〝山木（ヤマキ）〟という商号を用いるとともに、各地の湊にもその名を知られるようになり、本格的な海運業に乗り出した。

四代目太兵衛に続く五代目太左衛門は、海運業を益々発展させ、日本の長者二六三人の中の一人（首位ともいわれる）にのしあがったという。当時の長者番付によれば、湊太左衛門（薩摩）・三井八郎右衛門（伊勢）・加島屋久右衛門（大坂）・岩城徳右衛門（京都）・鴻池善五郎（大坂）・

本間主膳（出羽）などの順になっている（木野みち『浜崎太平次伝―唐船太平記』ジュニア鹿児島新聞・南国春秋社）。

太左衛門は、いわゆる「近思録くずれ」といわれる薩摩藩騒動が起きた年（文化五年＝一八〇八）の翌年、島津斉宣公が保養のため指宿村を訪れると、自分の屋敷内に「御座間」と称する迎賓荘《げいひんそう》（別荘）を建てて、引退して気分のすぐれない斉宣を迎えた。

この施設は御座の間・中の間・末の間から成り立った実に立派なもので、斉宣もすっかり気に入り、長く滞在してのんびり保養していった。これが島津家と浜崎家との機縁の始まりだったようで、その後もこの迎賓荘には歴代の藩主が足しげく通うようになり、のちに藩主の別荘になったという。

後述する八代目太平次の代には、斉興、斉彬の行き来が頻繁で、浜崎家の表門の通り路は御本陣馬場といって、死人の棺が通ったり、青年の放歌したりすることを禁じたと伝えられる。島津家の迎賓荘における湯治は明治初期まで続けられ、このことが指宿発展に貢献すると同時に、付近住民の藩主に対する親しみを増す結果ともなったらしい。こうして太左衛門は島津家に近づく一方で、温泉開発にも尽力した。

五代目太左衛門の長子が六代目で、このときから初めて「太平次」を名乗り、この名を代々引き継ぐことになる。六代目太平次は父に劣らない敏腕家で、大いに家業を繁栄させた。

彼は長井にあった島津家の別荘の外廓、石塀を寄付した功績で稲荷丸《いなりまる》の手形を受け、荷物を運漕する権利を与えられた。この稲荷丸こそが、実は「山木＝ヤマキ」の海運業発展を図った元祖だった（斉宣《なりのぶ》に海運業の特権を得たといわれる）。

（四）八代目浜崎太平次の活躍及び調所笑左衛門との出会い

八代目浜崎太平次の成長

その後、浜崎家は七代目太平次のときに家運が急に傾き始めた。事業が思わしくゆかず、そうなると失敗に失敗を重ね、日に日に衰えていくばかりであった。

この困窮のどん底にあったときに、太平次とセン子（湊の高崎新右衛門の娘）夫婦の長男として、太兵衛（のちの八代目太平次。正房。文化一一年～文久三年。一八一四～六三）が生まれた。

母のセン子は良妻賢母に背かない女性だったが、あるとき、巨大な船が白帆を掲げて勇ましく入港する光景を夢に見て、間もなく太兵衛を懐妊《かいにん》したといわれる。

太兵衛は生まれながらにして体躯《たいく》が巨大で、両親の愛情のもとで育った。眼光鋭く、堂々たる風貌《ふうぼう》だったが、資性温厚で他人を叱《しっ》したことがなかった。薩摩の「ぼっけもん（硬骨漢）」で礼儀・信義・義理を重んじ、知識・勇気を備え、明敏かつ豪胆だった。そして窮迫した環境の少年期を過ごしながら、浜崎家の再興を誓って成長した。

六、七歳になると、もう知林ヶ島付近から山川湾あたりの海岸がその遊び場となっていた。

一〇歳の頃には、毎日薩摩半島の南端からはるか種子島、屋久島、硫黄島などの島々が浮かんでいるのを眺《なが》め、もの思いにふけった。ことに、唐物《からもの》を積んだ船が近くの山川港に入る日には、母にせがんで握り飯を作ってもらい、船着場に出て船の出入りや珍しい積み荷の品々をあきずに眺めていた。さらに船から降りて来る船員に話しかけ、航海中の話などを夢中で聞き、時の過ぎるのも忘れてしまうこともあった。

文政一〇年（一八二七）、一四歳になった太兵衛は、体つきもどっしりと大きく、一六、七歳に見える成長ぶりであった。それに人懐《ひとなつ》っこい性格で、誰からも親しまれたという。彼は、華やかだった祖父の時代の話を聞かされるたびに、家業の再興を思った。

この年の夏、いつものように船（密貿易船だったらしい）が山川港に入ると、船頭に会い、すがるようにして船乗りになりたいと頼み込んだ。

両親の許しも得て、彼の願いは実現する。こうして、一四歳にして初めて大きな帆船に乗り、錦江湾から外洋へと船出することになった。

やがて船は奄美大島を過ぎて琉球（沖縄県）の那覇《なは》港に着いた。ここで太兵衛は、出発時に母が持たせてくれた旅銀を利用してめぼしい商品を買い込み、非凡な商才を発揮した。

このとき、他の船乗りたちや、当時、薩摩藩からこの地に派遣されていた高崎萬衛門（指宿出身）という役人が、「山木には妙な男が生まれたな」と感心したという。

数日ののち、この船は琉球から大坂へ向かった。船が大坂の港へ入ると、太兵衛は若干の資

金をこの地の問屋の主人に借り、いち早く商品を購入して他の船員を驚嘆させた。彼の機敏な挙動を見た主人は、

「この若者は、後年、必ず大事業をなすだろう」

といったという。買い込んだ商品は面白いように高値で売れて、予想外の成功を収めたので、指宿に帰ると両親も驚いたという。

間もなく、太兵衛の評判は那覇や大坂をはじめ、各地の港に広まって、大坂のある大きな問屋の主人が、彼に資金まで貸してくれた。それからは、彼を知る人びとは「若山木」という愛称で呼ぶようになった。

この処女航海以来、太兵衛は船乗りとして活躍する一方、弟弥兵衛や弥七、和兵衛たちにも、珍しいみやげものを与えたりして、浜崎家を背負って立つ柱となった。

家督を継ぎ八代目太平次を名乗る——琉球へ渡航

天保三年(一八一二)、一九歳のとき(一八歳のときともいう)太兵衛の父が亡くなった。四九歳であった。

太兵衛は名を「浜崎太平次」と改め、浜崎家の家督を継いだ。そして腰を据えて南方に手を伸ばそうと決意した。

まもなく、指宿村の摺《すり》ケ浜《がはま》で裕福に暮らしていた笹貫《ささぬき》長兵衛という人に、商売の元手となる

資金を借りに行ったところ、金は貸してやるが、船乗りは板子一枚下は地獄である故に長男の君は家に居て安全な仕事をやったほうがよい、と諭された。

しかし、八代目太平次となった太兵衛は、志はありがたいが、父の死後、私が旅をして働かなければ、家計を維持していくことは困難、といって聞き入れなかった。

こうして琉球貿易の海運業を始めた。こののち、縁あって薩摩藩の調所笑左衛門と出会うことになる。

太平次、海運業で雄飛

当時、海外貿易に乗り出すには、幕府の許可が必要だったが、取り締まりが厳しくなればなるほど、人びとの海外発展熱は強くなった。

薩摩では中国の江蘇、浙江あたりから渡来する船を「口船《くちぶね》」といい、より南方の福建、広東方面からの船を「中奥船《なかおくせん》」といい、さらにずっと南の方から来る船を「奥船」といって、これらの船をひとまとめにして「唐船」または「唐物船」と呼んでいた。

また、琉球を支配していた薩摩藩では、この地を仲介して中国、南方、遠くは英仏露などの諸国との商取引に当たらせていた。

太平次は琉球から中国沿岸を経て南下し、北上して九州、四国、中国地方近海をはじめ、遠くは新潟、蝦夷地あたりまで船路を伸ばした。遥か南方の厦門《あもい》やジャワなどにも回航して、取り引きを行なった。

太平次が二二歳だった天保二年（一八三一）夏頃の逸話が残っている。
・彼の乗った船が大坂へ入港すると、商品を買い込み、満載して江戸へ向かった。江戸ではちょうどそれらの品物が非常に値上がりしていると知ると、「荷揚げ中止」と命じた。
・船乗りたちが耳を疑い、大いに残念がった。彼らの船が積み荷をそのままにして大坂に戻ったことを知ると、大坂の商人たちは、てっきり江戸は不況で商品が売れないのだと勘違いした。
・そこが太平次の目のつけどころで、大坂商人を相手に安い値段で商品を買い占め、それらを自船やほかのかり集めた船に満載して、再び江戸へ向かった。
というのだ。ただ、許可のない貿易事業は天下の御法度で、当事者はもちろん、その周囲の者たちも厳罰に処せられることは必至だった。

したがって、各地に点在していた山木の店の店員や船乗りなど関係者の中心にいた太平次の苦心は、想像以上のものだったであろう。太平次が密貿易のことで鹿児島や山川の関係者と面談するときは、いつも夜明け前に起きて出て、裏庭あたりで密談をするなど、用意周到に終始したようだ。

なお、山木の船には、帆柱の根元をうがって船底を二重張にし、そこに唐物を隠匿《いんとく》していたといわれる。

調所笑左衛門と出会う

薩摩藩に調所笑左衛門が登場して財政改革の腕を振るうようになって間もない頃であった。太平次の船が鹿児島の港に入ると、彼の船に藩吏が訪ねて来て、調所が会いたいから急ぎ屋敷に来るように、と伝えた。

さっそく調所の自邸に赴いて、奥の間に通され面談した。このとき太平次は二二、三歳の青年、調所は五七、八歳だった。

密談の詳しい記録などは残っていないが、指宿の古老たちの言い伝えによると、そのとき調所は太平次に対して、藩財政を救うために協力するよう頼み、同時に太平次の意見も聞いた。一方の太平次も、物産の開発や海外輸出、大型造船の建造など様々な意見を、調所に進言した。二人はここで大いに共鳴し、それらを実行に移していくのだ。

調所が太平次に目をつけるようになったのは、彼が手広く海運業を営んでいたからばかりではなく、肝の太さ、知識がともに非凡で、気力・人柄も備わった信用のできる人物だと見ただろう。二人はこの出会いで、太平次が藩財政の立て直しに協力する代償として、調所も抜け荷を黙認しょうという密約が結ばれたことになる。

それ以降、太平次は家業に従事するかたわら、彼の船は薩摩藩の御用船のような役割もつとめるようになった。

調所笑左衛門が行なった薩摩藩の天保の改革では、大島三島（奄美大島、喜界島、徳之島）の砂糖専売の計画を進め、実行に着手すると、先ず太平次そのほかの海運業者の所有している船を、薩摩藩庁の御用船として指定した。そのうえで砂糖、コメその他の物資をこれらの船に積み込み、江戸・大坂・長崎その他に運送させた。

太平次は、稲荷丸と観音丸の二艘を薩摩藩御用の船として海外貿易に就航させ、ほかの所有船はすべて砂糖輸送や密貿易の用にあてていた。また、甑《こしき》島の沖の男《お》ノ島、女《め》ノ島において、外国との密貿易をしていたといわれる。

(五) 体制を強化、支店網を充実し造船業にも進出

鹿児島に総支配所、各地に支舗を置く

事業拡大していくと、指宿湊を拠点としていては何かと不便を感じることが多くなった。太平次は鹿児島城下潮見町の一角に転居してここを総支配所とし、事業の采配を振るった。

薩摩藩の支援を背景に、その事業は順調であった。太平次は全国的に支舗(支店)を設置して、表面は海運・造船を営みつつ、裏面では大々的に密貿易を行なった。今、当時の記録に残っている支舗の主なもの主なものをあげると、

- 那覇港…若狭町に支舗。唐物貿易の中継地に指定。高崎新右衛門、肥後忠平らが駐在。
- 長崎港…西浜町に支舗。中国人、西洋人との取り引きが主。中村八左衛門、高崎覚兵衛が駐在。

・大坂港…西区立売堀《いたちぼり》北通六丁目に支舗。肥後孫左衛門らが駐在。
・箱館港…弟・弥兵衛が駐在。
・高城（宮崎県）…次弟の長男・太七、肥後幸助（忠平）、義岡精次らが駐在し寒天を製造。
・甑島《こしきじま》…薩摩郡。寒天海苔《かんてんのり》を買い入れ、綿を売り込み木綿を仕入れて、さらに晒《さら》して他地方に販売。
・鹿児島…鹿児島・旭通海岸に大きな居宅を構え、永田藤兵衛、今井嘉兵衛、永田松二らが駐在。
・指宿　…後年池永幸之丞が駐在。藩主の御光越の際、接待役。造船所、船大工その他の職人職人約三〇〇人。多数の賄い等の責任者。

太平次は郷土愛が深く、雇用した数百人は、ほとんど指宿出身者だったし、彼の恩恵に浴して相当の財産をなした者も出ている。雇人の中でも、中村八左衛門と高崎覚兵衛は、島津家から苗字帯刀を許され、道の往来に駕籠を用いることも自由で、越後地方に行ったときは特に料理人を臨時に雇い、貴族的な振舞いをしたといわれる。

薩摩藩は、大島三島に対してだけでなく、琉球に対しても同様、上納米の代わりに黒砂糖を取り立てていた。その頃の砂糖の値段は非常に低く抑えられ、大坂方面などへ持っていくと相当高く売ることができた。

太平次らの運送業者は、これを船で受け取りに行き、主に大坂方面などに輸送して、藩庁から輸送代を受け取った。ことに三島へ行くときは、船に日用品を満載して行き、島に着くとそれを黒砂糖と交換して、得た利益は船頭たちの収益になっていた。

なお、太平次は唐物買い、黒砂糖商いのほか、蝦夷地から琉球への昆布輸送にもかかわっていた。とくに薩摩から琉球への昆布輸送は、調所笑左衛門の直々の任命で担っていたようだ。富山売薬業者が蝦夷地から運んだ昆布も、薩摩で太平次に手渡されていたと考えられる。

造船業にも進出

その後、太平次は造船業にも進出し、指宿十二町湊の海岸に大造船所（船場）を設けた。作業場だけでも総面積二、一一〇坪（約七、〇〇〇平方<ruby>トル</ruby>）、東西三八間、南北五七間という広大なものだ。

ここでは三〇数隻の大船を建造しており、当時の造船業の個人経営では、我が国最大級だったようだ。船場の中には、材木小屋、炊飯小屋、鍛冶屋、船大工の住宅などが数棟設けてあり、海辺まで木柵をめぐらして、平素は他人の入ることを固く禁じていた。職人が三百余人もいたという。

「船おろし」（現在の「進水式」）は盛大なもので、当日には各地から多くの見物人が黒山を築いたという。

「新造おろして　浮きなりみれば

ともにゃ大黒　表にゃえびす　中にゃ山木のたから山」
「おいもおはんも指宿そだち　お湯と山木の　船場がなけりゃ
　日して日半も暮らされぬ」

これはその頃に海岸にあった山木造船所の〝船おろし歌〟の一部である。

なお、その頃の山木の所有船の主なものをあげると、稲荷丸、観音丸、松保丸、柳茂丸、伊勢丸、恵久丸、永松丸、永楽丸、調保丸、竜盛丸、保正丸、瑞応丸、柳盛丸、久吉丸、正徳丸などである。

嘉永四年(一八五一)に藩主に就任した島津斉彬は、特に太平次のために、帆標として「二膳箸」の紋章を授けたという。

水車館と紡績業

わが国の綿糸は、手車で製造していたが、安政三年（一八五六）の頃、太平次が琉球に立ち寄ると、洋糸をつんでいたのを知った。これこそ日本にとって将来重要な産業品だと着眼した彼は、さっそくこの洋糸を買い取って鹿児島に持ち帰り、島津斉彬に献上した。

斉彬は非常に喜び、これを西陣に送って原料、製法などを調べさせたところ、絹と綿の交糸だろうという回答があった。斉彬は、

「将来、日本人を悩ますものは、この綿糸だ」

と慨嘆するとともに、安政五年には早くも鹿児島郊外の田上と永吉に水車館を設けて紡績業を開始した。またその付近に綿の木を植えて栽培を始めた。

薩摩藩が、英国のブラッド商会に紡績機械を注文して磯浜に大々的に紡績業を興したのは、数年ののちのことである。

なお、太平次はシイタケ製造や寒天製造もしていたようだ。

飢饉の対応など

太平次の時代にも、薩摩大隅で何回か飢饉《ききん》に襲われた。藩庁は対策として肥後国（熊本県）などから米穀を購入し、これを太平次に命じて山川港に運送させた。ここには、藩の倉庫までできていた。

太平次自らも、天保期から安政期にかけて、太平次は飢饉のつど、指宿町内の各戸に、自分の米倉の底をはたいて施米をしていた。また、鹿児島城下の困窮した人たちにも、こっそり食糧を与えたりして領民救済に当たった。

太平次は、薩摩藩の隠れた経済的援助者であり、中でも藩主の参勤交代時に多額の御用金を出したこと、軍制軍備改革や産業振興のための資金をおしげもなく投じて、危機に瀕した藩政の再興のために重要な役割を果たしたことは、記憶されていい事績だと思われる。

例えば、文久二年（一八六二）三月、薩摩藩がミニエー銃を購入するときの「おかしあげ」

の文書には、「金弐万両、浜崎太平次、金壱万両、田辺泰三…」など三四人、八二万一、三〇〇両となっている。また、調所笑左衛門のある日の書簡の中には、

「指宿郡湊の浜崎太平次が、お国の財政御改革のために、御調達いたし候金子は一再ならず、あまつさえ御軍備のうしろだてとして、私財を御当家に融通つかまつり候御奉公の心がけは、皇国日本の御為であり、かつまたキキンのみぎり施行いたし候善根功徳は上様におかれても御感なゝめならず、また町家の手本にも相成り候」

と記されている。この書簡の宛て名は「伊勢殿」となっているが、太平次の義挙をもの語るものだ。

なお、地元指宿に対しては、殿様湯の建設や神社の建替え、街道整備などに関してたびたび献金も行なっていた。

（六）薩南諸島における薩摩・加賀船の対英国交易説

加賀の銭屋の船が薩南諸島で英国人と交易した形跡のあることは、川島元次郎らにより報告されている（南国史詰所収、「銭五の密貿易船の行方を尋ねて」）。

・南西諸島の口永良部島（東西三里、南北一里、戸数百ばかりの小島）の湾に、主邑本村があり、この村の西端海岸に、「御番所の跡」と称する所がある。

・ここに、慶応元年（一八六三）頃まで西洋館があって、英国人が居住していた。この西洋館は薩摩の密貿易戦と交渉のあった所だ。英国人の密貿易説があり、ここで薩摩藩と交易（密貿易）があった。

・旧薩摩藩士・川上久良がこの島へ渡り、六カ月滞在して西洋館について調査した。そして、薩摩の密貿易船の水夫だった元喜入村（現鹿児島市）の鈴木四郎助が、この島の向江浜に住んでいるので、同人をはじめ古老から話を聞き、大正八年（一九一九）九月一五日、これを記録している。その内容からすると、

① 薩摩藩庁では、帆船を日本海を経て蝦夷地に航し、昆布その他の海産物を移入した。さらに鹿児島より米穀・醤油のようなものを満載して、口永良部島に至り、ここに居住していた英国人と交易した。

② これより先、加賀金沢において銭屋五兵衛という者が密貿易を営んだが、ことが露見《ろけん》してついに牢死するに至った。このことが早くも藩庁に聞こえ、同島の密貿易所たる英国人居住の洋館はただ一日にして取り壊され、用材などは木片すら残さず、ことごとくどこかに持ち去られた。

③ 当時、英国人の主任ともいうべき者は、同島の婦（人）を入れて妾《めかけ》としたという。今なお、一人は生存している。

④ 英国人の飲料として携帯していたものは、老婆の話からすれば、麦酒《ビール》、葡萄酒《ぶどうしゅ》、ブランデ

ーのようなものだという。

⑤　口永良部島の密貿易所を「白糖方」と称し、一時は白糖を製したこともある、と古老から聞いた。

⑥　本島より南方海上に、「中之島」という所があり、密貿易の当時、藩庁帆船貿易用として多額の金銀銅銭を載積していたが、暴風に遭って中之島沿岸に沈没したことがある。先年、東郷某らが潜水夫を雇い捜索したところ、常に波が荒くてわずかに判金二朱銀孔方銭の数枚を得ただけで、中止したという。

以上、この報告にもあるように、薩摩では藩として公然、密貿易を行なっていた。中国船との密貿易はいうまでもなく、早くから藩庁の船が琉球方面に航海して、西洋の物資を持ち帰ったようだ。

文久三年（一八六三）英国艦隊の鹿児島砲撃に際して、拿捕《だほ》した薩摩船には、銅貨、絹布、砂糖、米などが積載されていたのも、同藩が常に外国貿易を行なっていた証拠である。しかも、この口永良部島に同藩の密貿易所があったので、銭屋の船も薩摩と連絡して、この島において密貿易を行なったらしい。

銭屋と薩摩との交渉があったことについて、川島氏は次の五点をあげて推定している。

①　薩摩藩の船は、日本海を経て北海道に航し、昆布その他の海産物を移入している。

②　薩摩藩が銭屋の密貿易露見のことを聞いて、口永良部島の洋館を、一日のうちに取り壊し

ている。

③　銭屋の船が、ときどき坊主（鹿児島県坊津）に入津して風待ちをなし、どこへともなく出帆した。

④　銭屋の船の乗組水夫・清水九兵衛の談話に、密貿易所は暖国の海島であること、花降銀と交換した貨物は、毛氈《もうせん》などの毛織物、すなわち欧州産の商品であることから、口永良部島の英国人と交渉があった。

⑤　口永良部島の密貿易所を、一つには「白糖方」と称し、白糖を産したことがあり、現に黒砂糖を多く産出する、陸氏文によれば、銭屋五兵衛は多く舶来糖を有し、越後の菓子商と謀って「越の雪」と称する菓子を新製した。

⑥　銭屋が遠く洋上に出かけて、外国人と交易をしたことは、清水九兵衛（五兵衛の外孫）の談話にも見えているが、この口永良部島も、その密貿易の一箇所だった。生糸、絹布類は、この島において英国人の手に納められたと思われる。

（以上、特に鏑木勢岐『銭屋五兵衛の研究』（銭五顕彰会）を参考にした）。

これらの説は、薩摩藩の密貿易をヒントに、口永良部島の人びとが語り継いだフィクションの可能性もあると思われる。また、英国人と薩摩の密貿易というのは、開国後の薩摩藩とイギリスの親しい関係を混同した誤伝であろう、と否定する見方もある（木越隆三『銭屋五兵衛と北前船の時代』北國新聞社）。

ただし、富山の売薬商人（薩摩組）が、北前船で蝦夷地の昆布を薩摩に運び、密かに交易したのは事実である。彼らは、薩摩藩の領内における合薬《ごうやく》販売の特権を得る代わりに、薩摩藩の関与する中国密貿易の最大の輸出品である蝦夷地の昆布を提供、同時に唐物薬種を得た。この松前昆布は、越中の北前船を頼んで運んだ。

また、天保六年（一八三五）に、密貿易薬種を積載した薩摩船が、越後長岡藩領で遭難した事件の真相解明も進んでいる。

〈参考〉密貿易に関する口之永良部島全図（川島久良）の記録

鹿児島県立図書館所蔵の「密貿易所タリシ熊毛郡上屋久村口之永良部島全図」（著者名・川島久良、大正八年九月出版）によれば、

「永良部（口之永良部島）の密貿易所を一に白糖方《はくとうほう》と称し、一時は白糖を製したることありし由《よし》、同島古老より聞きしことなり」「藩庁にては、帆船をして日本海を経て北海道に航せしめ、昆布《こんぶ》其他の海産物を移入し来り」「之より先き加賀金沢に於て、銭屋五兵衛なる密貿易を営みしか事露顕に及びて遂に牢死するに至りしが、此事早くも我藩庁に聞へ、同島の密貿易所たる英国人居住の洋館は唯一日にして取壊《とりこぼ》たれ、用材の如きは何処《いずこ》にか木片すら残さず悉《ことごと》く持ち去られんと云う。斯《かか》る有様なれば、貿易の趾《あと》を湮滅《いんめつ》せんが為めに或は何物をも止めざらんことに務め、器具其他当時ヲ偲《しの》ぶべき物品をも総《すべ》て棄却せしならんと云う」

と書かれ（注・カタカナは平仮名に直した）、以下のような注書きと思われる説明文が掲げられている。

「1　永良部島は薩摩藩の藩営の貿易地であったこと
2　薩摩藩の密貿易は、北は松前の昆布その他の海産物を移入していたこと。さらに、この地で白砂糖の精製をやっていたこと
3　加賀の国金沢の銭屋五兵衛の密貿易が露顕し厳刑に処せられた情報が入るや、口之永良部島の密貿易の証拠隠滅を完遂したこと」

（七）太平次の最期とその後の浜崎家

島津斉彬との出会い

安政四年（一八五七）夏頃、島津斉彬《なりあきら》は太平次が海運・産業・文化など多方面にわたり尽力した功績により、彼を士分の列に加え、禄を与えようとした。しかし、太平次は船乗りとして人生を終わりたい、としてこれをきっぱり辞退した。

ただ、その前に許された「浜崎太平次正房」というおくり名と、駕籠《かご》に乗ることだけをありがたくお受けした。斉彬はこの太平次の言葉を非常に喜び、いっそう彼に対する信頼を深くした。

なお、太平次の次弟・弥兵衛は藩の家老・島津豊後《ぶんご》久豊の家臣となり、三弟・和兵衛は、調

所の配下となり、一六歳からは茶坊主に登用されて江戸に同行している。ある日、「九月一二日に錦江湾で水雷の実験があるから、特に観覧を許す」という通知が来た。太平次もこれを観覧しつつ感激した。というのも、薩英戦争のとき、水雷をしかけ英艦を爆破する計画があったが、この日本最初の水雷の陰に、太平次の尽力があったのだ。また、安政元年頃、斉彬が英国に宇宿彦衛門という藩士を派遣して、近代的な知識を吸収させようとしているのを知ると、派遣費を提供したりした。

斉彬が藩主となって藩政を預かったのは、嘉永四年（一八五〇）だったが、彼は民政、軍事、教育に力を尽し、興国の気運を高めた。また、太平次を頼みとしていた。

しかし安政五年（一八五八）八月、突然斉彬が死去したので、太平次の失望は大きかった。

太平次、大坂で客死

太平次は、鹿児島城下の本店を中心に全国に支舗を設け、藩御用商人として海運業、造船業、貿易で力を発揮し、『安政年度長者鑑』の筆頭格となる。

注・『濱崎太平次翁之略傳』（濱崎経子発行・湊一善監修）では、加賀の銭屋五兵衛、紀州の紀の国屋文左衛門と並び、当時の日本実業界の三傑とよばれたとしている。

彼は莫大な資産家になる一方で、薩摩藩の財政再建につとめたのだった。彼が「海洋王」、「密貿易王」、「薩南の海上王」といわれるゆえんである。

文久三年（一八六三）初夏、生麦事件の報復のため「英艦が来る」、とのうわさが高まり、薩摩藩内は騒然としていた。

そうした中、太平次はある大事な任務を帯びて大坂へ向かうが、大坂の支舗に着くと間もなく、病気の身となった。このことが朝廷に知れると、ときの孝明天皇は侍医を太平次の病床へ差し遣わせた。太平次は、このようなことはまったく予想しておらず、無上の栄誉と感じたことだろう。

しかし、周囲の手厚い看護も虚しく、その年の六月一五日、ついに大坂で客死してしまった。享年五〇。島津斉彬が亡くなって五年後のことだった。

島津久光は、太平次の死を聞いて、

「ああ、私は片腕をうしなってしまった」

といい、久しく嘆いたという。葬式の際には、港の浜辺から墓地まで、約五〇〇《メートル》くらいの行列が続き、ヤマキ（浜崎家）から行列の群衆に向かい、たくさんの銭がまかれた。

遺骸《いがい》は火葬にし、「法雲軒徳栄乗蓮居士」として、大阪府西区梅本町にある竹林寺境内に密葬されたが、のちにさらに遺骨を分けて郷里・指宿に持ち帰り、本葬が営まれたのち故山の墓地にやすらかに葬られた。

八代目太平次の墓は、指宿市内の湊児童公園にある。

太平次亡き後の浜崎家

慶応三年（一八六七）一〇月頃、薩摩藩は、どうしても西洋型軍艦を手に入れたかった。時に長崎には、買い入れたい艦が三艘あり、中でも春日丸《かすがまる》（英国製、キャンスー一、〇一五トン）は、一六ノットの高速で走る力を持っていた。

しかし、買い入れに要する資金約一六万両を払える準備がないので、まず半額を先に払い、残りは後から払うことで相手商社と交渉した。その一方で浜崎太平次の商店の番頭だった中村、高崎らに半額の拠出を相談して承諾を得、乗り切ったという。

この春日丸購入のときは八万両という大金を融通し、のちには藩へ献上した形になっている。またこの当時、ヤマキは鹿児島と指宿において、薩摩藩の戦費として相当の額を寄贈しているようだ。

太平次の妻・ミツ子は京都生まれといわれ、長男・政太郎を生んで間もなく三七歳で病没した。その後、鹿児島の酒造家・杉仁平次の娘・エイ子と結婚し、一女をもうけた。

太平次の長男・政太郎（九代目太平次）は二四歳のとき（父の死後三年目。二一歳説もある）、鹿児島で病死した。このため、八代目太平次の弟・彌兵衛の長男・太兵衛があとを継いだ。

太平次の没後五年にして明治維新となるが、この頃まで浜崎家の事業は依然、繁栄していた。大小三〇数艘もの帆船を擁し、鹿児島・琉球・長崎・大阪・北海道・指宿などに本支店もしくは工場を構え、多くの店員を送使用し、その帆船には外国人さえ使用していた。

その後、経済上の危機に遭遇し、姻裔・浜崎助二がその名籍を継いだが、その子息・國武も平成一一年（一九九九）五月に死亡したため、一部の遺品などが鹿児島県歴史資料センター黎《れい》明館《めいかん》に納められるところとなった。

注・しだいに家運が衰えて、さすがの名門も明治四三年（一九一〇）八月一五日に断絶してしまった。その後、大正四年（一九一五）、浜崎助次という人がこれを嘆き、浜崎家を再興して墓所等を管理し、太平次翁の事跡かい集につとめたが、子息の一二代國武も平成一一年五月に他界し、断絶により姉・経子の願いで遺品はすべて平成一二年五月、黎明館に寄贈された。

こうして太平次の死後は、時勢の激変に加えて後継者にめぐまれず、浜崎家は凋落《ちょうらく》した。太平次の使用人には、のち巨万の財を積んだ者も少なくなかったが、彼らの多くは、経済状況の激変により、前後して凋落した。

明治維新前の激変期においては、多くの藩が経済的な面で苦しんでいたが、薩摩藩ではわりあいにゆとりがあり、天下の変革期に強い力を発揮できた背景には、浜崎太平次のような国士的な商人が出たことも、その一因となったと思われる。

樺山資紀伯爵は、晩年、指宿に遊ぶごとに太平次の功績を称え、湊の墓を訪れたし、前田正名翁も太平次の墓に詣でると、手を墓石に添えて、

「太平次君、君の事業は実に偉大であった。君は国に、また薩摩藩におけるのみならず、近世日本貿易の開拓者であった」

と語りかけたという。また、第三代総理大臣で日本銀行創立者だった松方正義も、鹿児島へ帰ったときには指宿の太平次の墓参をしたし、大久保利貞中将はことあるごとに太平次翁の功績を称えていた。

頌徳碑《しょうとくひ》と銅像の建立

昭和七年(一九三二)、六月一五日、指宿の稲荷神社横に、太平次翁頌徳碑を建立するに至った。筆字は島津忠重公爵で、碑文は次のとおりである。

「翁は我が指宿が生んだ一巨人である。翁は実に此邑に生れ此邑に長じ幕末に於ける日本第一流の海運業者となり海外貿易の先駆を為し、遂に全国屈指の大富豪となった翁は、又、薩藩の財政に貢献するところすくなからず隠れたる明治維新の功勲者である吾等後世翁の人物の功業を敬慕して止まず、昭和七年六月一五日翁の七十年忌に当りて此碑を建て、なお側に貴族院議員侯爵大久保利武の撰文を右に刻して翁の功徳を無窮に伝えんとするのである而して此碑より西南の方僅かに二五十米突許にして翁の誕生地たる濱崎家歴代の屋敷跡がある。想うに此付近の地は翁が幼児童友と嬉遊せしとこであろう。」（注・カタカナは平仮名に直した）

翌八年六月一五日、指宿港の稲荷山に濱崎太平次正房翁紀功碑が建立された。また、地元顕彰会により、平成九年（一九九七）七月二七日、高さ七㍍の翁の銅像が、指宿湊の太平次公園の突端に建立されている。

〔別記一〕五代才介と生糸貿易

天保の頃（一八三〇年代）の薩摩藩の抜け荷は、日本海が中心だったようだ。しかし、三〇年後の元治元年（一八六四）には、薩摩藩は太平洋側の抜け荷が目立つ。

この時期、薩摩藩士・「五代才介（友厚）」は、江戸藩邸により、関東で生産される生糸を低い価格で買い占め、上海での利益を拡大すべきだと提案している。

江戸の糸問屋の報告では、「横浜港の生糸貿易」はほとんど薩摩藩であり、問屋を経由せず産地直接仕入れもあり、相場が乱れている。五代の提案が実行されているのかも知れない。

また、横浜の本牧で、薩摩の代理人が船積みした生糸（薩摩の紋章付）が幕府役人に拘留され、イギリス領事ウィンチェスターが神奈川奉行に抗議している。

幕府と対抗する薩摩藩の海外貿易は、日本海（長崎中心）から太平洋（横浜中心）に勢力を拡大し、海外勢との連携もなされているようだ。

〔別記二〕薩摩船の新潟沖遭難事件

この事件については、第四章四（六）（「薩摩組」による情報提供等での貢献）の項で簡単に触れたが、ここで再度、事件概要について記しておく。

・天保六年（一八三五）一一月、「薩摩の抜け荷船」が「新潟沖」で難破し、新潟湊から少し離れた村松浜にその残骸が打ち上げられた。

・船板が薩摩船に特有のものだったこと、箱材には清国商人の荷印があったことなどから、幕府の調査が入った。

＊恐らく、天領だった新潟の代官が幕府へ報告したものと思われる。

・この件について、お庭番（村垣淡路守？）の調査報告書があり、それによると、

「唐物の儀、長崎表より渡り候筈のところ、近年、異国人、海上において日本の船と乗り換え候由、多分は薩州商人どもの働きのおもてむきにて、近年、仲買いと申すものもっぱらこれあり。これは薬種そのほか積み込み、いずれの湊へも廻船乗りまいり、米金と交易つかまつり候おもむき相聞こえ、九州筋にては長州の赤間関へ着船、それより北国筋へ目差し乗り下り候ものは、石州浜田、雲州筋の湊々にて少々抜け売りいたし、能登輪島へ入津、同所にて薬品そのほか琉球朱もっぱらこれあり」（『幕末遠国奉行の日記』）

としている。

・天保一〇年（一八三九）三月七日、関係者の処罰が申し渡されたが、この評定のとき、本来出席すべき幕府寺社奉行の牧野備前守忠雅（越後長岡藩主）は欠席した。抜け荷の黙認、運上金の受け取りがあったといわれる。

四　浜田藩と豪商会津屋八右衛門、間宮林蔵

寛永一六年（一六三九）に完成されたといわれる幕府の鎖国令は、もともとキリスト教の禁止が目的だった。これに貿易の問題が絡み、幕府は西国大名の勢力増大を阻み、自らが貿易を独占するために長崎に出島を設け、日本人の海外渡航や帰国を厳刑で取り締まった。

しかし、琉球の支配を認められていた薩摩藩が、この禁を破って抜け荷（密貿易）をしていたことは、当時、なかば公然の秘密だったようだが、幕府の統治下で抜け荷を大々的に摘発されたのは、石見《いわみ》国（島根県）の浜田藩ぐらいといっても過言ではないように思う。

（一）幕末の浜田藩―財政難に悩む

浜田藩と三代藩主・松平康任

浜田藩は、石見国《いわみのくに》の浜田（島根県浜田市）周辺を領有していた藩で、立藩は元和五年（一六一九）二月、伊勢松坂藩（三重県）より古田重治《しげはる》が五万四千石で入封《にゅうほう》したときだ。

慶安二年（一六四九）には、代って松平《まつだいら》（松井）康映《やすてる》が五万石で入封したが、宝暦九年（一七五九）一月、五代藩主・松平康福《やすよし》のときに下総古河藩（茨城県）に転封《てんぽう》された。

そのあとへ本多《ほんだ》忠勝《ただかつ》の嫡流《ちゃくりゅう》・本多忠敞《ただひさ》が五万石で入封したが、三代藩主・本多忠粛《ただとし》の時代の

明和六年（一七六九）一一月、三河岡崎藩（愛知県）へ移封され、代って古河藩から岡崎藩に転封されていた松平（松井）康福が、再度、五万四千石で浜田へ再封した。

康福は幕府老中（老中首座も経験）としての精励を賞され、一万石の加増を受けて六万四百石となった。

その後の三代藩主・松平康任《やすとお》（松井松平家八代）は、分家旗本から養子入りした人だが、文化文政期の幕府の実力者・水野忠成《ただあきら》（沼津藩主）の歩調に合わせ、追随する形で幕府の寺社奉行、大坂城代、京都所司代など重職を経て、文政九年（一八二六）には老中に就任した。

しかし、但馬国出石藩《たじまのくにいずし》（兵庫県）仙石家《せんごく》の筆頭家老・仙石左京《さきょう》から、六千両もの賄賂《わいろ》を受け取り、さらに実弟の分家旗本寄合席・松平主税《ちから》の娘を左京の息子・小太郎に嫁がせたが、これがのちに康任失脚の布石になってしまったのだ。

水野忠成の死後、康任は幕府の「老中首座」に就くのだが、この頃から幕閣では「康任派」と「水野忠邦派」（忠邦は唐津藩主—のちに浜松藩主）の抗争が激化した。

天保五年（一八三四）にいわゆる「仙石騒動」が起きる。

これは、質素倹約を中軸に据えた仙石主計《かずえ》ら守旧派と、重商主義的な諸改革を進めようとする仙石左京ら改革派の路線対立が、幕府中枢部まで巻き込んだ騒動に発展した事件であった。

翌六年九月、松平康任は病気を理由に幕府老中を辞職していたのだが、一二月、この事件に絡む形で隠居・急度《きっと》慎みとなってしまった（天保一二年（一八四一）、六三歳で死去）。

天保七年（一八三六）三月、康任に代って浜田藩主となった松平康爵《やすたか》（康任の二男）も、同月、陸奥《むつ》国棚倉（福島県）への転封を申し渡された。その後の浜田藩には、上野国館林藩（群馬県）より越智松平家の松平斉厚《なりあつ》が入封している。

また、この「仙石騒動」の結果、出石藩の仙石左京は獄門《ごくもん》となったほか、藩関係者多数が処分された。藩主・仙石家も禄高を三万石に半減とされ閉門の罰を受けている（その一方で、裁いた側の幕府重臣・脇坂安董はのちに本丸老中に上り詰め、もう一人の水野忠邦は、待望の老中首座の地位を手にしている）。

なお、棚倉への移封が決まった前藩主松平（松井）家に、追い打ちをかけるように降りかかったのが、いわゆる「浜田藩竹島（鬱陵島《うつりょうとう》）事件」である（注・現在は当時の「竹島」を「鬱陵《ウルルン》島《ド》」と呼んでいる）。

浜田藩家老・岡田頼母と藩の財政難

江戸中期頃から諸藩は非常な財政難だったが、浜田藩の場合、藩主松平康任の二代前の康福も幕府老中などを務めており、次の康定は寺社奉行のとき病で退職しているが、康任を含め三代にわたり浜田藩主が幕閣の要職に就いて、ほとんど江戸住まいだったことが財政難に拍車をかけた。

しかも、康任までの三代の間に、領国が二度の飢饉《ききん》と二度の大火に見舞われていたし、江戸藩邸が二度の類焼に遭い、幕命の普請もあったりして、浜田藩の内情はまさに〝火の車〟であった。

これを国もとで藩政を切り盛りする立場にあったのが、筆頭家老・岡田頼母《たのも》(元善《もとよし》)であった。岡田は、二一歳のとき本居宣長《もとおりのりなが》の門に入った好学の士であった。ちなみに、宣長門下には浜田藩士の小篠御野《おざきみぬ》のほか二〇人近い石州人がおり、岡田も小篠とともに藩校長善館を造営したりして、学問の興隆に熱心であった。とにかく、浜田は中国地方でも国学の草分けといわれるほどだったという。

また、学問のことだけではなく、藩内外の有力者から献金を集めたり、殖産興業にも力を入れ、多くの領民を勧誘して頼母子講《たのもしこう》を作ってその講金を借りるなど、浜田藩の赤字財政を埋めるために再建策は講じていた。しかし、こうした努力も、藩財政全体から見れば〝焼け石に水〟であった。

なお、当時は、基本的に長崎会所経由以外の貿易は禁じられ、海外貿易は事実上、幕府独占体制下にあった。

（二）竹島（現鬱陵島）と松島（現竹島）

竹島（現鬱陵島）と松島（現竹島）とは？

江戸時代には、現在、「鬱陵島《ウルルンド》」とよんでいる島（直径一〇キロ程度の火山島）のことを、「磯《いそ》竹島《たけしま》」あるいは「竹島」と呼び、現在、竹島（ハングル名「独島《トクト》」）と呼んでいる島（主に二つの小島からなる火山島。面積〇・二一平方キロ）のことを、「松島」と呼んでいた。

歴史を遡《さかのぼ》ると、豊臣時代には弥左衛門なる者が願い出て磯竹島に渡り、材木などを伐採して持ち帰って秀吉を喜ばせ、「磯竹弥左衛門」と呼ばれたという。

一方、幕府は慶長一四年（一六〇九）、諸大名が大船を所有することを禁止し、貿易活動を制約する政策をとったので、同一六年ですべての朱印船貿易は廃止となった。

これに続いて元和二年（一六一六）、幕府は中国船以外の来航地を長崎と平戸に限定するなど、貿易統制を強化した。

その直後の元和三年、封地の没収・転封の沙汰のため、伯耆《ほうき》（鳥取県）・石見（島根県）両国に来ていた幕臣・阿部四郎五郎正之《まさゆき》の斡旋《あっせん》により、幕府は伯耆国米子《よなご》の浪人・村川市兵衛《いちべえ》と回船問屋・大谷甚吉《おおやじんきち》の両人の請願を容れて、寛永初年の頃、竹島への渡海を許可する旨の老中署《しょ》奉書《ほうしょ》を鳥取藩主に出している（この文書は、年号はなく、幕府老中の永井信濃守《しなののかみ》・井上主計頭《かずさのかみ》・土井大炊頭《おおいのかみ》・酒井雅樂頭《うたのかみ》の四人が署名しているが、公布年は寛永二年（一六二五）とされている。

その後の元禄九年（一六九六）一月には、同じく老中連署奉書で、竹島への渡海を禁止する旨を鳥取藩主に伝えるまでの間、米子の町人二家が、藩の資金貸与を得ながら、伐木・漁業などの「竹島渡海事業」を続けていた。

米子を出帆すると、まず出雲国雲津《くもづ》（松江市美保関町《みほのせき》）に着き、それより隠岐《おき》国道後福浦（隠岐郡隠岐の島町）に渡り、福浦から竹島へ直航するのを常とし、出雲・隠岐の漁師が雇われて乗船することがよくあったという。

正保二年（一六四五）作成と推定される「出雲・隠岐国絵図」（写し）には、越知《おち》郡北方《きたがた》村のうち、福浦から西へ海路の線が描かれ、その線に沿って「此湊舟掛吉《よし》、竹島へは渡海ノ舟此湊にて天気見合申候」と書かれており、その頃は隠岐から常時、竹島へ船出していたことを示している。

この竹島には、かねて朝鮮から漁民が往来していたが、一五世紀初めに、当時の李氏朝鮮は、流民を防ぐため住民を本土に移住させ、往来も禁止して「空島政策」をとったので、米子の町人が進出したときも、無人島同様だった。そのために、さしたる問題は生じなかったのだろう。

竹島における朝鮮漁民との競合が顕在化

しかし、一七世紀末期になると、朝鮮の漁民も本土を離れて漁業を営むことが増え、しだいに村川・大谷らと競合するようになった。

元禄五年（一六九二）三月、村川・大谷の渡海船が竹島に到着すると、初めて朝鮮の出漁者を見つけ、自分たちが前年まで置いていた漁船八艘と漁具もなくなっており、鮑《あわび》も大半、採集されたあとだった。

これまで独占的に伐木・漁業を営んできた村川・大谷両船の船頭は、「この島は公儀御免でわれわれが毎年渡海している。二度とこの島へは来ないようにせよ」ときつく申し入れ、その年は四月米子へ帰帆し、藩を通じて事態を幕府へ報告した。

翌元禄六年（一六九三）、竹島へ着いたところ、朝鮮からの出漁者は前年より大勢で、村川・大谷両船は漁獲ができなくなり、問題解決のため朝鮮漁民アンビジャン（のち安龍福《アンニョンボク》）ほか一人を同船させて、米子へ連れ帰った。

二人の朝鮮人は米子に二カ月抑留され、その間の審問で、彼らは竹島が朝鮮の領土であることを主張し続けた。

（三）幕府、竹島を朝鮮領と認め竹島渡海を禁止

朝鮮側と交渉、竹島を朝鮮領と認める

鳥取藩で幕府へ報告したところ、とりあえず二人の朝鮮漁民は長崎経由で朝鮮へ送還せよ、との通知を受け、二人は鳥取・長崎へと送られ、対馬藩を通じて釜山《プサン》へ送還された。

一方で幕府は対馬藩に朝鮮人の竹島（鬱陵島）渡航禁止を求める交渉を命じるとともに、幕府独自の調査に乗り出した。

この交渉は、この島が日本領か朝鮮領かの議論になり、双方譲らぬまま時が経過した。元禄八年（一六九五）一〇月、対馬藩から交渉行き詰まりの報告を受けた幕府は、翌九年一月、竹島が朝鮮領であることを認めるように、対馬藩に指示するとともに、鳥取藩に対しても、先年（寛永期）に下した竹島渡海許可を取り消し、今後は渡海を禁じる旨の老中奉書を出した。

幕府は、豊臣政権の朝鮮侵略以来、ぎくしゃくした朝鮮との関係修復につとめてきており、幕府にとっては、小さい竹島問題によって、朝鮮通信使（信頼をつうじあう使節）の来日が定着しつつある、好ましい両国関係に、ひびが入るのを愚策と考えたようだ。

竹島（鬱陵島）が異国と決まった以上、これ以後は竹島へ行くことは、異国渡海御制禁に抵《てい》触《しょく》することになった。

これより先の元禄七年（一六九四）にも、米子町人は竹島へ向かって出帆したが、難風のため着岸できず、引き返した。

翌元禄八年の出漁のため、資金貸与を鳥取藩に願い出たところ、藩は、費用貸与はしない、渡海するのは自由、朝鮮人の在島した場合にどうするかは、藩として指図しない、という冷たい対応を受けた。恐らくは、幕府の意向が鳥取藩に伝わっていたためであろう。

それでも、村川・大谷は元禄八年春、自己責任で竹島へ渡航したが、やはり朝鮮人が多く在島していた。そのためむなしく引き返し、帰藩途中に松島で鮑を漁獲して帰った。

この年の暮れ、幕府は鳥取藩に対して竹島についての説明を求めたのだが、その返答書の中に右の松島のことに触れていたため、再度、松島について問い合わせがあり、その返答書の中で、「松島は竹島に渡海する道筋にあるので、立ちよって漁獲する。米子の村川・大谷両船以外に漁をする者はいないが、出雲国・隠岐国の者は米子の者と同船でいく」

と答えている。それより二六年経過した享保七年（一七二二）から同九年（一七二四）にかけても、竹島渡海に関して鳥取藩に問い合わせがあったが、元禄九年の禁止以来、渡海はしていないこと、それ以前に行っていた頃の渡海のようす、竹島の産物・地誌などについての覚書を提出している。

松島はともかく、竹島を異国として渡海を禁止する幕府の方針は、西国諸藩、天領に徹底したものと思われる。

（四）会津屋八右衛門、竹島渡海を志す

父会津屋清助の船の遭難

文政二年（一八一九）、浜田松原浦（島根県）で浜田藩の廻船御用をつとめていた廻船問屋・会津屋《あいづや》（今津屋《いまづや》）清助《せいすけ》が、江戸に向けて出帆したところ、紀州沖で暴風に遭い遭難した（このとき、

清助は二千五百石積の制限違反の大船を作り、運航中だったともいわれる）。

しかし、漂流のすえ運よくオランダ船に救助され、パプア、ジャワ、スマトラ、カンボジャ、シャム、ルソン、台湾などへ寄りながら、長崎に着いたときは三年後の同五年（一八二二）になっていた。

清助は、取り調べの煩雑さを知っていたのか、オランダ船に迷惑がかからぬようにと遠慮したのか、海に飛び込み、密かに上陸して浜田に帰ったという。すでに家を継いでいた息子の八《はち》右衛門《えもん》から、藩当局へ、

「父は丸裸で立ち帰ったが、遭難のさいにおどろきのあまり喪心《そうしん》したらしく、取りとめもないことばかりをいうので本人も出頭はできかねる。少し気がおさまれば私同道で出頭する」

という届け出があった。取りとめもないこととは、彼がオランダ船での航海中に経験した珍奇奇談の類で、例えば、

「北風が暖かくて南風が寒い」

というような、北半球では経験できないような話である。浜田の知識人でさえ、

「北風が温暖だとは和・唐《から》・天竺《てんじく》の書物にない」

というから、やがて清助のいうことは信用されなくなっていった。

しかし、息子の八右衛門だけは、父のいうことに興味を持ち、渡辺崋山《かざん》が世界の地理に詳しいと聞いて、訪ねて話を聞き、彼の勧めで青地林宗《あおちりんそう》の『万国地誌』を見て、赤道以南の地では

北風が温暖であることを知った。また、父が航海した先も、どの辺りであるかを知り、
《自分も広い世界を航海してみたい》
という気持に駆られた。

八右衛門、浜田藩に竹島渡海を志願

八右衛門は、父が遭難により藩に与えた損害を弁償するべく、身代《しんだい》をはたいて藩に差し出したが、すべて弁償できたわけではないので、
《何とか海外に出て財を得、損害の残りを弁償して家名を挽回《ばんかい》したい》
と考えた。そこで彼は、かねて航海の折に竹木が生い茂る竹島を見受けていたので、江戸へ出た折に、浜田藩士・三沢五郎右衛門・村井荻右衛門《はぎえもん》を頼り、藩の利益になるからと竹島渡海を志願する旨を申し入れた。要するに、八右衛門はおのれの家運再興と同時に、藩の財政再建にも寄与しょうと考えたのだ。

浜田に帰ってからは、家老・岡田頼母の家来で藩の勘定方《かんじょうかた》につとめる橋本三兵衛《さんべえ》に竹島渡海を持ちかけた。

八右衛門の見た限りでの絵図では、竹島に色がなく、所属が朝鮮かあるいは日本のいずれの藩であるか不明だったからである。

村井からは、竹島はいずれの国に所属するかは決めがたいので、手出しはやめるように、と

の知らせがあった。

藩家老岡田、松島渡海名目に竹島渡海を許可─藩財政好転を目論む

しかし、八右衛門はそれにかまわず、橋本に竹島が異国かどうかわからないなら、松島へ渡海する名目で出航して竹島まで渡り、実際に利益が大きければ取り計らい方もあろうということで押し、橋本を通じて家老・岡田頼母へ相談した。

岡田にとっても、耳寄りな話であったが、さすがにことがことだけに独断はしかねて、年寄・松井図書《ずしょ》に相談、さらに藩主・松平康任に密かに相談した。その頃、大坂城代だった康任からは、「竹島一件は重大事であり、十分に調査したうえでないと判断できない。もし許可がないうちに渡航して、異国品の一つでも大坂以東に出まわるようであれば一大事であるから、よくよく心得よ」

という暗示的な達しがあった。

岡田は許可がなかった旨を型どおり八右衛門に伝えたが、岡田・松井・橋本・八右衛門らは相談のうえ、大坂以東は一大事であるが、以西は一大事ではないと都合よく解釈し、結局、八右衛門の「松島渡海を名目とした竹島渡海」を強行した。

家老・年寄・勘定方の頭には、厳しい藩財政の好転をはかりため、ということがあっての黙認であったようだ。

松島へ行くなら許されるとの判断は、幕府も浜田藩も松島が異国でないと認識しているであろうとの彼らの読みがあった。

八右衛門も、天保初年の頃は竹島へ渡海して竹木や鮑を持ち帰っていたが、橋本も合意のうえで、しだいに刀剣類などを集めて積み出し、朝鮮・中国の珍しい品と交易して利益をあげ、その運上金が浜田藩の藩庫を潤した。

その抜け荷（密貿易）の範囲は、竹島だけではなく、やがて朝鮮、中国から台湾、フィリピン、南洋諸島などへと広がったようだ。

輸出品は刀剣類が主で、様々な産物を持ち帰ったらしい。そして莫大な利益を得ていた。

（五）幕府隠密・間宮林蔵と浜田藩竹島（鬱陵島《うつりょうとう》）事件の処分

幕府隠密・間宮林蔵の通報

天保七年（一八三六）になって、薩摩藩の密貿易の風聞の真偽を探るため西国へ派遣された幕府隠密（密偵、お庭番）・間宮林蔵が、浜田へ立ち寄って疑いを持った。偶然、浜田藩領内で異国産の珍木を目にしたといわれる。

この事件について、地元の『浜田町史』は次のように記している。

「秘密が保たれたこと六年ばかり、天保七年になって、たうたう露見《ろけん》した。どうしてばれたのかと云うに、当時薩摩が密貿易をやるといふ風聞があるので、其の真偽を密偵するため、異国の産物に就いて知見の広い間宮林蔵を遣わされた。どうした都合か道を山陰道にとって浜田の東一里半の下府《しもこふ》に来た時、休んだ家で偶然支那と印度との間の辺に産する木を見て、「どこで求めたらそんな木があるか」と尋ねたのに、「松原の船乗《ふなのり》から買うたが、今頃はあるまい。船が帰ると時々ある」と答へた。「時々ある？怪しいぞ」と頭をちょっと傾けて見たものの、自分の頼まれた以外の事だから深くも窮めず、松原に少し当っては見たが、地元は用心も深く、厳しい口止めもあると見えて、一品も見当たらず、それらしい事も耳に入らぬ。其の儘《まま》九州に渡って、帰りに大阪奉行矢部駿河守定謙《さだかた》に告げ、浜田地方に気をつけさせた。矢部駿河守は、隠密（探偵）を浜田に遣《や》って探らせて、確なる証拠を握り、吏を遣って、八右衛門と三兵衛とを捕縛し、大阪に連れ帰らした。」

間宮林蔵の立場

間宮林蔵は、蝦夷地・樺太の探検で知られているが、後半生は不遇だったようだ。文政一一年（一八二八）には幕府勘定奉行・村垣定行の部下となり、幕府隠密として全国各地を調査する活動を行なう。

天保七年（一八三六）、幕府老中・大久保忠眞《ただざね》の特命で、薩摩藩の抜け荷の実態を内偵するための旅に出た。その赴任に当たって、林蔵はなぜか、山陰道を通り、会津屋の抜け荷を調べたのだ。

どうやら、浜田藩での抜け荷はうわさになり、江戸まで聞こえていたらしい。

関係者に厳罰処分下る

ともあれ、このことが抜け荷摘発のきっかけとなった。間宮は大坂西町奉行・矢部駿河守《するがのかみ》に通報したので、矢部の派遣した隠密《おんみつ》たちが証拠をつかんだうえ、同年六月、捕吏を送った。捕吏たちによって八右衛門と橋本は逮捕され、吟味《ぎんみ》のため大坂から江戸へ送られた。家老・岡田頼母と年寄・松井は、江戸への呼び出しを受けたのち、相次いで切腹した。他にも関係者多数が逮捕された。

天保七年一二月、八右衛門と橋本三兵衛は斬罪に処せられた。他の関係者も中追放・軽追放・大坂三郷払い・役儀取上押込・過料などの刑罰を受けた。

八右衛門はすでに処罰を覚悟しており、捕縛される前に妻を離縁し、子は大坂へ養子に出している。

前藩主・松平康任は前年一二月、出石藩仙石騒動に関連して、すでに隠居・急度慎みの身であり、跡を継いだ松平康爵は、同じ天保七年三月に、すでに陸奥国棚倉へ懲罰的な意味で転封が決まっていて、九月には浜田城を明け渡すことになっていた。

この竹島渡海事件に関わっては、すでに隠居している前藩主・松平康任が、急度慎みから永蟄居に格上げになったものの、あらたな重罰が加算されたわけではなかった。しかし、事件のため松平（松井）藩が払った犠牲や負担は大きかった。

幕府、あらためて海外渡航禁止を徹底

この事件に衝撃を受けた幕府は、翌天保八年（一八三七）二月、「石州浜田松原浦八右衛門らの竹島渡海事件について関係者を厳罰に処した。往古は、伯州米子の者が渡海していたが、元禄期に竹島を朝鮮国へ渡して以来、そこへの渡海は停止している。すべて異国渡海の儀は御禁制であり、これ以後は竹島も同様と心得、渡海してはならない」との趣旨の触書《ふれがき》を諸国の天領・私領に出し、高札《こうさつ》を立てて徹底をはかるよう指示した。いわば海外渡航厳禁の見せしめとして、この事件を全国に公表したのだ。

この触書は、全国各地に残っているようで、地元の浜田市郷土資料館には高札があり、同市久代町の財団法人・石見安達美術館には、『御触書御請印帳』として古文書の現物が保存されている。この触書の「竹島（現在の鬱陵島のこと）を朝鮮国に渡した」の記載から、現在の竹島（当時の松島）を同国へ渡したと誤認を受けたこともあった。

長い鎖国体制も安政元年（一八五四）の開国まであとわずか一七年、浜田藩の一部の黙認のもと禁制を破ってでも海外に雄飛した八右衛門らの開明的な行動は、今なお語り継がれている。

この事件で死罪となった八右衛門、橋本三兵衛の供養墓、自殺した家老、年寄の墓、中追放

以下の刑罰に処せられた者たちの墓は、今も浜田市内にある。

昭和一〇年（一九三五）―満州事変の四年後、日中全面戦争に先立つ二年前―になって、八右衛門の海外雄飛を称える頌徳碑《しょうとくひ》（浜田市松原町）が、日本海へ見通しがきく松原湾岸に建てられている。

五　幕末長州藩と英国・米国商人たちの暗躍

北前船に絡む話として書くには、いささか範囲を超えているかとは思うが、薩摩藩と並ぶ雄藩・長州藩と財政再建、密貿易などについても、触れておきたい。

(一) 村田清風による財政再建

幕末の長州藩も慢性的な赤字財政で苦しんでいたが、天保二年（一八三一）に領内で一揆が起こった。参加者は十数万人に達したという。襲撃の対象は村役人と特産物の買い占めで暴利をむさぼっていた商人達だった。

藩では財政再建策の一つとして産物会所を作り、彼らに特産物の売買を独占的に許したのだが、その改革案に民衆が抗議の一揆を起こしたのだ。

第一三代藩主毛利敬親《たかちか》は家督を継ぐと、天保九年（一八三八）、中級武士だった村田清風を抜擢し、藩政改革を命じた。村田は当時、既に五六歳であった。

注・村田清風…大組士（五〇石の中士層）の子に生まれ、藩校明倫館に在学した一〇年間に、藩主から十数回も褒賞された秀才で、国学・兵学・西洋事情などに通じた藩内革新派の人物。

この頃の長州藩は、負債が銀八万貫を超えていた。村田はこの負債を「八万貫の大敵」と呼んで、削減に乗り出した。

村田は四白政策で、紙、蝋《ろう》、米、塩の生産強化を行い、天保一三年には早くも三万貫の負債を減らすことに成功した。

天保一四年（一八四三）、村田は「三七カ年賦皆済仕法」を出した。これは、藩債については、元金の三％《パーセント》を三七カ年にわたって返済すれば、皆済とする一方的な返済案だった。また、藩士の借財についても、藩がいったん全部肩代わりすることとし、同様の条件での返済をすることにした。

村田は下関港の流通や商人などに着目し、重商主義による諸改革を進めた。この頃、下関海峡は西国諸大名にとって、商業・交通の要衝でもあったのだ。

そこで白石正一郎ら地元の豪商を登用して「越荷方《こしにかた》」を設置した。越荷方とは藩が下関で運営する金融兼倉庫業で、ここを通る船の積み荷を預かり、資金を貸し付けたり、委託販売を行なう藩営の機関であった。

当時、幕府の政策によって、商品は西廻り航路などを通って、大坂に集荷されていたが、この流通過程で、商品を一時、下関に留めて置いて、大坂の市場の値が上がってから運び込めば、より多くの利益を得ることができる。これらの船に倉庫や資金を提供し、倉庫料や貸付利子を取って利益をあげようと考えたのだ。

この越荷方の営業は成功し、わずか四年で負債の三分の一近くを返済したという（なお、こうした改革の中に、藩公認の密貿易もあったという説もあるようだ。）

注・越荷方が藩の財政を潤し、寛政二年（一七九〇）までに本藩の勘定に補助した金額は、二万三、七九五貫余りあり、コメにして四五万五、九〇〇石にのぼったという。

こうして、村田の財政改革により、長州藩の財政は再建された。

しかし、三七カ年賦皆済仕法は、藩士が多額の借金をしていた萩の商人らに反発を受けた。また越荷方を成功させたことで、大坂への商品流通が減少したため、幕府当局からの横槍が入った。幕府の大坂を軸とした市場統制と、正面からぶつかることになったのだ。

村田はついに職を辞し、生家である三隅山荘に帰り、隠居した。以後人材の育成に力を注ぎ、三隅山荘に開いた私塾、尊聖堂は多くの子弟達で満ち溢れた。

紆余曲折《うよきょくせつ》はあるが、村田の方針はその後も周布《すふ》政之助らに引き継がれ、改革が実行されていった。また、その志は吉田松陰、高杉晋作、木戸孝充、伊藤博文にも受け継がれ、長州藩改革派を輩出する原動力となった。

このような流れを考えると、まさに村田こそ長州藩の藩政改革の真の立役者だったといえよう。

なお、長州藩が密貿易を行っていたかどうかに関連して、同藩が比較的朝鮮に近いので、対馬を経由して朝鮮と密貿易をしていたという見方がある。

（二）欧米商人たちの暗躍

文久三年（一八六三）五月、長州藩は攘夷の決行を意図し、下関海峡で欧米艦船を砲撃したが、六月、米国やフランス艦船の報復砲撃の前に、なすすべもなく敗退した。

翌元治元年八月、欧米四カ国連合艦隊による本格的な報復攻撃―下関砲撃が行なわれ、長州藩は完敗し停戦協定が結ばれた（「下関戦争」）。

しかし、意外なことに、その後、長州藩は講和後も武器の購入を加速させたらしいのだ。それも、下関周辺で外国商船と密貿易をしていたというのだから、驚くばかりである。

幕府は、小倉藩の報告で長州藩の動きを把握してはいたようだが、これを抑えることができなかった。

同年一二月、幕府は欧米諸国に対し、長州藩の者との密貿易を取り締まるよう要請したのだが、その後もうわさが途絶えなかった。

慶応元年（一八六五）三月、オランダ筋などから情報を得た幕府は、役人を上海《しゃんはい》に派遣し調査をしたところ、米国商人・船主のドレークがある密貿易に関わっていることを知った。

その後も、ドレークの船はなんどか下関(付近?)に渡航、長州藩に武器弾薬を売ったらしい。米国商人以外に、フランス商人も六月、大砲や軍艦を長州藩へ売却した。

また閏五月、長州藩は密かに藩士を長崎へ派遣し、薩摩藩の協力を得て英国商人から武器・艦船を購入している。

長崎には、今も残る「グラバー邸」で有名な英国商人グラバーがおり、幕府が統制しようとしても、長州藩はグラバーたちの助言を得て薩摩名義で逃れたりして、しだいに国内有数の軍事力を保有するに至った。

攘夷を標ぼうしていたはずの長州藩は、現実にめざめ開国論に転じて以降、力を蓄えて軍事大藩となり、戊辰戦争を勝ち抜くことができたのだった。

六 『余話』 高田屋は密貿易に無関係だったか
―金兵衛の追放処分―

（一）高田屋の闕所・所払い事件起きる

箱館の豪商・高田屋嘉兵衛は、いわゆる「ゴローニン事件」との関わりもあり、よく知られている人物だ。また、兵庫津の豪商・北風家の支援を受けたことは、前述の通りである。

注・高田屋嘉兵衛（一七六九〜一八二七）…江戸後期の廻船業者。海商。淡路島で生まれ兵庫津で船乗りになり、のち蝦夷地の箱館に進出。国後島・択捉島間航路を開拓、漁場経営と廻船業で財を築く。ゴローニン事件でロシア船に拿捕《だほ》され、カムチャツカへ連行されるが、日露交渉の間を取り持ち、事件解決へ導く。

高田屋嘉兵衛は幕府の信頼と庇護もあり、急速に家業を発展させたが、弟金兵衛（安永二年＝一七七三＝生まれ）を養子とし、家業一切を譲って淡路島に隠居した。金兵衛もまた他の兄弟と力を合わせて堅実に商売に励んだので、文政五年（一八二二）には松前藩用達を命じられ、名字帯刀を許された。

これまで兵庫津が本店だったものを、箱館を本店として町の繁栄にも大いに貢献した。しかし、嘉兵衛の死後、天保年間にいたって高田屋を揺るがす大事件がぼっ発した。

「高田屋の雇い船栄徳丸が、ロシア船と抜け荷（密貿易）をした」との嫌疑をかけられ、船頭重蔵以下、水主一一人が松前に拘置され、金兵衛も召喚《しょうかん》されたのだ。

審問の結果、密貿易の疑いは晴れたのだが、密約の事実（いわゆる「旗合わせ」）があったとして、松前藩当局は幕府へ告発した。

そのときの告発書は、ほぼ次のような内容であった。

・天保二年（一八三一）三月、栄徳丸が大坂を出帆、箱館を経て幌泉と根室へ物資の仕入れに向かう途中の五月一二日午後二時頃、日高地方の様似場所から約一六キロほど沖で異国船一艘が見えたので、乗り組んでいる表役《おもてやく》の寿蔵らが申し合わせ、山高印（高田屋のマーク）の小旗を立てて、すぐ陸の方へ船を走らせたところ、陸から四キロばかりのところに、もう一艘の異国船が見えた。

・どちらも三本柱の帆柱を持った船だった。寿蔵らは恐怖と心配で、船を早く岸へ着けようと急いでいるうちに、異国船はともに南南西の方へ去って行った。

・このとき船頭重蔵は病気で、それらのことは知らなかった。ただ、異国船に遭遇したら、山高印の小旗を立てるという話は、元船頭の久八の代から話があった。その話によれば、嘉兵衛は豪胆な人で、異国へ捕らわれても恐れず、異国から返されてから以降は、海上で持ち船が異国船に出会っても、仇敵にならないようにしょうと申し合わせてきたほどだった。

・それで、択捉島までもたびたび航海するが、異国船に会っても決して恐れてはならぬと話していた。そして、いつ頃から用意していたのかは知らないが、山高印の付いた小旗を見せ、これを立てれば例え異国船に出会っても恐れることはない、というのだった。船頭以下は、それに励まされて働いているとのことだった。

こうした内容だったので、幕府は金兵衛、養子嘉市、船頭重蔵を含めた関係者一四人を江戸へ召喚し、勘定奉行村垣定行（元松前奉行）が審問をした。

その結果、密貿易の事実はないと判明したが、ロシア船との船標密約の事実があり、また、このほかに嘉市の持ち船順通丸が、外洋で異国船にコメ、酒などを与えたこともわかった。

この事件について厳しい取り調べの結果、天保四年（一八三三）二月二三日、金兵衛らに対し、ほぼ次のような判決申し渡しがあった。

① 金兵衛は以前から、持ち船や雇い船には山高印の小旗を渡して来た。

② 先年、嘉兵衛がロシア船に捕らえられた際、今後海上で嘉兵衛の船と会出っても、ロシア側では乱暴しないと約束した。そのため出会ったときは小旗を立て、ロシア船は赤い布を立てるとの約束もしてきた。そのことは、幕府役人、松前藩主に報告していない。

③ 嘉兵衛とともにロシアから返された徳兵衛は、みだりに他国へ出て歩かぬよう指示していたにもかかわらず、嘉兵衛が郷里淡路に帰るとき連れていき、大坂店にも使いをさせている。

④ 今回、ロシア船に出会って、無事に通り抜け、松前藩に知られて呼び出されると、金兵衛は代理を出し、嘉市に小旗のことなどは絶対に否定せよと言い含め、さらに幕府の調べに対してまで、ことを隠そうとした。

⑤ 密貿易の事実はなかったが、これらは不届きであり、所有船、小旗などは取り上げ、兵庫西出町、大坂西笹町をはじめ、江戸一〇里四方から追放し、淡路島志本村からみだりに外へ

出ないよう申し付ける。

⑥　嘉市は小旗のことを隠そうとし、順通丸が異国船へコメ、酒などを与えたことを、報告しなかったので、船稼業は禁止、兵庫西出町・大坂西笹町への立ち入りも禁止する。

⑦　重蔵以下水主ら一一人は手錠の刑とする。

このため、金兵衛・嘉市らは、嘉兵衛の死の六年後に追放されてしまった。しかも、追放刑だがいわゆる「闕所事件」であり、高田屋の場合に、「船闕所」といって所有船は没収となったが、他の不動産は親戚の手で処分させられている。

すなわち、事件に無関係の嘉吉の財産を除いて、箱館・兵庫・大坂・江戸・択捉島・根室・幌泉の三請負場所の、土地、家屋および倉庫・器財など営業上の施設は、それぞれ二代目喜蔵らが競売手続きをとり、持ち船三八艘は官に没収され、競売に付されたという。

（二）苛酷な処分の背景と疑問点

以上の幕府の処分について、罪状からして余りに苛酷に過ぎる処分が下されたことから、背景なり真の理由について疑問を生じ得ない。

この件について、高田屋なり金兵衛がぜいたくで、それを松前藩が妬《ねた》んだという説や、箱館の繁栄を松前の商人が妬んだから、という説など諸説がある。

本稿の第三章三「大坂・淀屋の繁栄と没落―天国から地獄、そして再興へ」で紹介した、大坂・淀屋の闕所事件ほどは極端ではないが、こうした「妬み」の疑いも、頭から否定はできない気もする。直接の原因ではなくても、間接的な要因になっている可能性も考えられるのだ。

そこで、前説を考えてみると、高田屋なり金兵衛のぜいたくな暮らしや、それが松前藩主らを刺激した疑いがある逸話、記録なども残っているようだ。

例えば、金兵衛が広い土地に、非常な立派な庭を持つ豪壮な別荘を設けたとか、そこに何人かの松前藩主を逗留《とうりゅう》させたとか、ある藩主（松前章広）が立ち寄った際に、高価な猩々緋《しょうじょうじゅう》が部屋に敷いてあるのを見たりしてすっかり興ざめし、それ以降はここに立ち寄らなかったとか、町の人たちがここを「高田屋御殿」と呼んでいたとか…。

ただし、金兵衛の側からみると、それなりの理由があったかも知れない。他の豪商の例でも、飢饉《ききん》などの際に住民の収入の機会を作る（お助け事業＝失対事業）目的で、一見、ぜいたくと見える家屋建築や庭を造成するような例もあるのだ。

また、箱館が蝦夷三湊で一番振るわない存在だったのが、幕府が蝦夷地の直轄支配を始めた頃、高田屋嘉兵衛を起用して東廻り航路を開き、これまでの西廻り航路を中心とする商圏に対し、江戸―太平洋―箱館―千島という商圏を確立した。

その結果、松前や江差の商人がお株を奪われ、とくに松前商人は打撃を受けているのだ。

こうしたことも、松前藩の権力と結びついて、高田屋追い落としに絡んでいた疑いがあるのではないだろうか、と思うのである。

(以上、この項については、須藤隆仙『高田屋嘉兵衛伝』(図書刊行会)を主に参考とした。)

あとがき

以上、筆者が北前船に関し、興味を抱いている話題などを紹介してきた。その中では、北前船の話題とやや離れたことにも触れてきたが、例えば河村瑞賢や兵庫津・北風家の人たちの「真の人物像」を理解しようとすれば、北前船のことだけでは不十分であることは、わかっていただけたと思う。

ところで、第二章一でも簡単に触れたが、今、あらためて「北前船の歴史的意義」を総括すると、次のような点に尽きるように思う。

① 経済の一大中心地江戸・大坂の繁栄を支えた。

② 日本海沿岸の寄港地を含め、各地の特産物の相互流通、経済活動を高めた。

③ 鎖国体制のもとでも、人びとの視野を広め、新しいことにチャレンジする精神風土を育てるとともに、通婚圏を拡大した。

④ 明治中期以降、北前船に代わり、汽船の活動が盛んになってからも、北前船生き残り組が地方経済を支える勢力になった（汽船による海運業への転進以外にも、銀行業・倉庫業・大地主・鉱山経営・火災海上保険業など各方面へ進出）。

⑤ 上方文化の中に北方文化を導入し、さらには各地間の文化交流を盛んにした（蝦夷屏風《びょうぶ》、

船簞笥《たんす》など船中生活の民芸品、九谷焼・伊万里焼などの焼物)。

なお、北前船主の繁栄の条件について、北前船の研究者・牧野隆信氏が、その著書『北前船の研究』(法政大学出版局)に興味深いことを記している。それは、北前船主の繁栄の条件ともいうべき五点で、なるほどと納得できる内容である。

① 船主となる者には、若い中から必ず船に乗せ、船乗りの苦労と度胸を体験させる。

② 北前船は取り引きが肝要であり、取り引きには信用が第一である。

③ 経営者として、常に時代を先取りする先見の明(洞察力)を養うことに留意する。

④ 商売を第一に心がけ、商売以外のもの、特に政治(あるいは相場)には関与しないことが肝要だ。

⑤ 女性問題に配慮し、後継者について紛争の起らぬようかねてから心がけることも必要だ。

ちなみに、⑤については、船主の居処が出身地、大坂、北海道と三カ所もあり、自然、第二、第三の夫人が生じやすい難点がある、としている。

おわりに、筆者としては、今後も歴史を切り口とした作品の執筆活動などに邁進していく所存なので、読者の皆様方のご理解とご支援をお願いしつつ、筆を擱く次第である。

(完)

北前船、されど北前船―浪漫・豪商・密貿易―年表

文治　元（一一八五）　平時忠、奥能登へ配流
慶長一四（一六〇九）　徳川家康・オランダ国王に貿易許可を与え商館を平戸に設置
元和　元（一六一五）　大坂夏の陣。豊臣氏亡ぶ
　　　二（一六一六）　徳川家康死去。欧船の来航を平戸・長崎に制限
　　　四（一六一八）　河村瑞賢、伊勢国（三重県南伊勢町）東宮に生まれる
　　　　　　　　　　　幕府、キリスト教禁令
　　　九（一六二三）　徳川家光が将軍に就く。英国、平戸の商館を閉鎖
寛永　元（一六二四）　スペイン船の来航を禁ず
　　　二（一六二五）　この頃、幕府が竹島（鬱陵島）渡海を許可
　　　四（一六二七）　長崎奉行、キリスト教徒三四〇人を処刑
　　　五（一六二八）　ポルトガル船を抑留し断交（～三〇）。オランダ船を抑留し断交（～三二）
　　　八（一六三一）　海外渡航に老中奉書を必須とする（「奉書船」）
　　　　　　　　　　　江戸、大阪の商人糸割符に加入
　　一〇（一六三三）　鎖国令―奉書船以外の海外渡航を禁じ在外五年以上の日本人の帰国を禁ず
　　一二（一六三五）　鎖国令―外国船入港を長崎に限り日本人の海外渡航・帰国を厳禁す
　　　　　　　　　　　大船（五〇〇石積以上）建造を禁止

一三（一六三六）　海外渡航と帰国の処罰規定を定め外国人子孫を追放　長崎出島完成 ポルトガル人をここに移す

一四（一六三七）　島原の乱起こる

一五（一六三八）　オランダ船、原城を攻撃　島原の乱平定

一六（一六三九）　最後の鎖国令―ポルトガル人の居住と来航を禁ず　オランダ人の日本人妻子を追放　加賀藩、西廻り航路で加賀産米を大坂へ輸送（「西廻り航路の創始」）　加賀藩主前田利常が隠居、その折、幕府に次男利次に富山藩の分封を願い出て許され、支藩としての富山藩が成立

一七（一六四〇）　宗門改役を創置。ポルトガルの特派使節船を焼き六一人を処刑

一八（一六四一）　平戸のオランダ商館を長崎出島に移す　鎖国完成

生保　元（一六四四）　糸割符制度改定　この頃、樽廻船創設

慶安　二（一六四九）　江戸大地震

明暦　元（一六五五）　糸割符制度廃止　相対貿易

三（一六五七）　江戸大火、江戸城本丸・二の丸・三の丸焼失（明暦の大火）
河村瑞賢、江戸の大火で木曽の木材を買い占め巨利を得る

寛文　二（一六六二）　密田家（林蔵家）が能登から富山町へ移住、「能登屋」と号する

八（一六六八）　長崎貿易の銀貨払いを金貨に改める

一〇（一六七〇）　長崎代官・末次平蔵、オランダ式船を製造して幕府に献ず　密貿易（抜け荷）禁令　幕府、「寛文の抜け荷」事件で朝鮮に文書を送る

一一（一六七一）　河村瑞賢、東廻り航路の設定　幕府、日本人の海外渡航禁止

一二（一六七二）　河村瑞賢、西廻り航路の設定、出羽御用米の廻漕を行なう。

延宝　二（一六七四）　長崎貿易の輸入価格を統制—相対貿易から市法売買に変更
河村瑞賢、越後高田藩に招へいされる　保倉川付替え、中江用水の開削を進言

六（一六七八）　「長崎代官抜け荷事件」処罰　江戸大地震

七（一六七九）　越後騒動

天和　二（一六八二）　江戸の大火（八百屋お七の火事）

三（一六八三）　幕府、若年寄三人を畿内の治水のため大坂へ派遣、河村瑞賢も随行し参画。
反魂丹が富山藩に伝わる

貞享　元（一六八四）　河村瑞賢、淀川治水工事に着工（淀川下流の安治川開削）　大老堀田正俊が稲葉石見守正休に刺殺される　ために畿内工事は中止に

二（一六八五）　糸割符制復活　長崎貿易年額の制限—長崎の貿易額を清船銀六、〇〇〇貫、オランダ船銀三、〇〇〇貫とする　畿内工事再開

四（一六八七）　河村瑞賢、畿内工事を終え江戸へ帰る

元禄　元（一六八八）　大坂堂島米市場設置

二（一六八九）　河村瑞賢、幕命により上田銀山、白峰銀山を調査し経営に当たる

三（一六九〇）　富山藩主前田正甫が江戸城で腹痛に苦しむ大名に薬を与え、即効があったので、諸藩にも持ってくるよう勧められる

六（一六九二）　新井白石、徳川家宣の侍講に　井原西鶴没
七（一六九四）　江戸十組問屋成立　松尾芭蕉没
八（一六九五）　貨幣改鋳
九（一六九六）　幕府、竹島（鬱陵島）を朝鮮領と認めるよう対馬藩に指示　伏見・堺奉行廃止
一一（一六九八）　長崎会所設置
一二（一六九九）　河村瑞賢、畿内工事を終え江戸へ帰る　嗣子通顕を伴い、将軍に謁見　瑞賢、六月一六日逝去。享年八二　鎌倉建長寺の金剛院旧跡に葬られる
宝永　元（一七〇四）　大和川付替工事―堺で大坂湾にそそぐ（一〇月完了）
二（一七〇五）　大坂・淀屋、闕所処分に
正徳　四（一七一四）　幕府、抜け荷（密貿易）を厳禁
五（一七一五）　長崎貿易制限令を定める―海舶互市新例＝正徳新令。金銀流出を防ぐ
享保　二（一七一七）　下関海上の藍島周辺に唐船が出没
三（一七一八）　西国諸藩、唐船に砲撃を加える
一二（一七二七）　富山藩の法令に薬売りが他国に出るときの手続きを規定
一五（一七三〇）　江戸米会所を許可。大坂・堂島の米相場を公認
一七（一七三二）　享保の飢饉
宝暦一三（一七六三）　後期淀屋の牧田家（鳥取県倉吉市）、大坂に出店
明和期頃　富山売薬商人の株仲間的な「組」が成立

(一七六四～一七七二)　桜島噴火火災で薩摩藩領内の薬の需要が高まる

安永　八(一七九九)　富山藩、反魂丹役所を設置

文化一三(一八一六)　この頃、薩摩藩が琉球を通じて大量の昆布を中国へ輸出し始める

文政　四(一八二一)　薩摩藩の負債が五〇〇万両に達していたといわれる

文政一〇(一八二七)　箱館の高田屋(金兵衛)闕所事件起きる

天保　四(一八三三)　薩摩の抜け荷船が新潟沖で難破(「薩摩船の新潟沖遭難事件」)

六(一八三五)　間宮林蔵、幕府の特命で薩摩藩の抜け荷を内偵するため旅に出る

七(一八三六)　石見国浜田の商人・会津屋八右衛門らの抜け荷が発覚、関係者処罰(「浜田藩竹島(鬱陵島《うつりょうとう》)事件」)　加賀藩が財政再建にため奥村栄実を登用

九(一八三八)　富山・能登屋の持ち船・長者丸が三陸の釜石唐丹《とうに》(岩手県)沖で難破

長州藩、村田清風を登用し財政再建に取り組む

一〇(一八三九)　薩摩船の新潟沖遭難事件の関係者が処罰される

一一(一八四〇)　薩摩藩、二五〇万両ほどの蓄えできる

一二(一八四一)　土佐・中浜村の漁師中浜万次郎らの乗った船が遭難(のちにアメリカ船に救助される)

一四(一八四三)　加賀藩で奥村栄実が死亡、代わって黒羽織党が藩の実権を握る　薩摩船が難破か?

弘化　元(一八四四)　薩摩藩琉球方に「製薬方」ができる

三（一八四六）　長者丸の乗組員が条件付きで一時帰国が許され家族と対面する
四（一八四七）　富山商人の薩摩組が仲介人・鹿児島町年寄・木村喜兵衛から昆布輸送の資金を受けて運搬を始める
嘉永　元（一八四八）　薩摩藩重臣・調所笑左衛門、江戸で自殺
二（一八四九）　銭屋五兵衛、河北潟埋め立て工事に着手
富山商人の薩摩組が昆布廻船を担うようになる
三（一八五〇）　この頃、富山藩は藩営の「薬種会所」を設ける（まもなく廃止）
四（一八五一）　中浜万次郎ら帰国
五（一八五二）　銭屋五兵衛牢死
六（一八五三）　銭屋疑獄事件で銭屋一族を処罰
安政　五（一八五八）　薩摩藩主島津斉彬が死亡し弟久光の長男忠義が藩主となる
文久　二（一八六二）　寺田屋事件起きる
三（一八六三）　浜崎太平次、大坂で客死する
元治　元（一八六四）　下関戦争起きる。長州藩が欧米列強の艦船に砲撃
明治　四（一八七一）　富山県が旧加賀藩領の礪波郡、新川郡、射水郡を編入
三一（一八九八）　能登の総持寺、全山焼失
四四（一九一一）　総持寺が横浜市鶴見区に本山機能を移す

〈主な参考文献〉

土木学会土木史研究委員会河村瑞賢小委員会『没後三〇〇年　河村瑞賢―国を拓いたその足跡』土木学会　二〇〇一
鏑木勢岐『銭屋五兵衛の研究』銭五顕彰会　一九八〇
木越隆三『銭屋五兵衛と北前船の時代』北國新聞社　二〇〇一
日本歴史学会編、古田良一『河村瑞賢』吉川弘文館　一九九五
永田信孝『北前船　主な寄港地の今昔』長崎文献社　二〇一五
中西聡『北前船の近代史―海の豪商たちが遺したもの―』成山堂出版　二〇一三
牧野隆信『北前船の時代・近世以後の日本海海運史』教育社　一九七九
加藤貞仁・鐙啓記『北前船　寄港地と交易の物語』無明舎出版　二〇〇二
「幕末物語　幕末千夜一夜　№15　抜け荷（密貿易）の海、日本海」（インターネット）
『富山湾について』ＮＰＯ法人　富山湾を愛する会
津田文平『漂民次郎吉―太平洋を越えた北前船の男たち―』福村出版　二〇一〇
山脇悌二郎『抜け荷―鎖国時代の密貿易』日本経済新聞社　一九六五
小寺雅夫『海商、会津屋八右衛門』文芸社　二〇一三
新山通江『なにわの豪商波瀾の三代記　淀屋考千夜一夜』たま出版　一九八五
『歴史と神戸』第９巻第６号　神戸史学会編集　一九七〇
新井英生『三百藩重役おもしろ史話』毎日新聞社　一九九三

洞富雄『間宮林蔵』日本歴史学会編、吉川弘文館　一九九〇
赤羽榮一『間宮林蔵』清水書院　一九七四
吉村昭『間宮林蔵』講談社　一九八七
内藤正中ほか『鳥取県の歴史』山川出版社　一九九七
下出積與『石川県の歴史』山川出版社　一九九三
原口虎雄『鹿児島県の歴史』山川出版社一九九三
坂井誠一『富山県の歴史』山川出版社　一九九三
三坂圭治『山口県の歴史』山川出版社　一九九二
小川国治編『山口県の歴史』山川出版社　二〇一三
今井修平ほか『兵庫県の歴史』山川出版社　二〇一二
藤本篤ほか『大阪府の歴史』山川出版社　一九九六
松尾寿一ほか『島根県の歴史』山川出版社　二〇一〇
榎本守恵ほか『北海道の歴史』山川出版社　一九八二
得猪外明『北前船の活躍と抜け荷・時規物語』二〇〇九・一一　神田雑学大学定例講座
須藤隆仙『高田屋嘉兵衛伝』図書刊行会　一九八九
函館市史・通説編デジタル版　二〇一七
村田郁美（吉村亨ゼミ）『薩摩組の動きから見る富山売薬商人の性格』
南原幹雄『豪商伝　指宿の太平次』角川書店　二〇〇七
『薩摩の豪商　浜崎太平次』鹿児島県立図書館

『遠国お庭番　間宮林蔵の足跡』ＮＰＯ法人ふれあい塾あびこ、講演テープ　二〇一三
新井英生『三百藩重役おもしろ史話』毎日新聞社　一九九三
『幕末の海上王　濱崎太平次翁之略傳』濱崎経子（第七版）二〇〇二
『海上王　濱崎太平次傳』濱崎太平次翁顕彰会編　一九三四
『浜崎太平次伝　唐船太平記』（木野みち『唐船太平記』の復刊）ヘルシー指宿協議会
一九九一、一九九一
宮里源之亟ほか編纂『海上王濱崎太平次傳』濱崎太平次翁顕彰会　一九三四
（昭和六一年一二月五日複製　指宿市立図書館）
木野みち『浜崎太平次伝　唐物太平記』ジュニア鹿児島新聞社・南国春秋社　一九八一
佐多一夫『濱崎太平次物語』共同企画出版　一九九七
『他国商人禁止の地・薩摩藩でたくましく商売を続けた富山の薬売り・薩摩組』インターネット資料
『長者丸・米田屋次郎吉』同右
北日本新聞社編集局編『海の懸け橋　昆布ロードと越中』二〇〇七
脇本祐一『豪商たちの時代―徳川三百年は「あきんど」が創った』日本経済新聞社　二〇〇六
細井勝『北陸平家物語紀行』北國新聞社
福井県河野村編集発行『北前船主の館 右近家』（総合案内）二〇〇一
福井県河野村編集発行『北前船からみた河野浦と敦賀湊 第四回「西廻り航路フォーラムの記録」』
一九九九
石狩市民図書館講座・藤井朝雄氏講義資料（二〇一四・一一・一）

濱口祐介ほか『シリーズ藩物語　松前藩』現代書館　二〇一六
越崎宗一『新版北前船考』北海道出版企画センター　一九七二
福田智弘『豪商たちがつくった幕末・維新』彩図社　二〇一六
牧野隆信「日本海の商船　北前船とそのふる里」加賀市まちづくり課文化振興室　二〇〇八

北国諒星（ほっこくりょうせい）略歴

1943年福井県坂井市生まれ　札幌市在住　金沢大学法文学部卒　北海道開発庁に入り北海道開発局官房長などを経て現在は歴史作家・開拓史研究家　「趣味の歴史（開拓史）講座」主宰　一道塾塾頭　北海道屯田倶楽部理事　北海道りょうま会・松本十郎を顕彰する会・松本十郎を称える会各会員

2006年３月「魂を燃焼し尽くした男—松本十郎の生涯」で第26回北海道ノンフィクション大賞受賞　2016年11月瑞宝中綬章受章

主な著書に＊『青雲の果て—武人黒田清隆の戦い—』、＊『えぞ侠商伝—幕末維新と風雲児柳田藤吉—』、『幕末維新　えぞ地にかけた男たちの夢—新生“北海道”誕生のドラマ—』、『幕末維新えぞ地異聞—豪商・もののふ・異国人たちの雄飛』、『さらば・・えぞ地　松本十郎伝』、『異星、北天に煌く（共著）』、『開拓使にいた！龍馬の同志と元新選隊士たち』、『北垣国道の生涯と龍馬の影—戊辰戦争・北海道開拓・都復興に足跡—』、『歴史探訪　北海道移民史を知る！』（いずれも北海道出版企画センター。ただし＊印の２冊は本名を用いて刊行）

（本名　奥田静夫）

北前船、されど北前船
—浪漫・豪商・密貿易—

発　行　2017年11月21日
著　者　北　国　諒　星
発行者　野　澤　緯三男
発行者　北海道出版企画センター
〒001-0018　札幌市北区北18条西６丁目２-47
電　話　011-737-1755　ＦＡＸ　011-737-4007
振　替　02790-6-16677
ＵＲＬ　http://www.h-ppc.com/
装　幀　須　田　照　生
印刷所　㈱北海道機関紙印刷所

乱丁・落丁本はおとりかえします
ISBN978-4-8328-1706-7 C0021